우주생명학

우주생명학

김지하 산문집

작가

=
자
서
=

나는 최근 누군가를 나도 모르게 더듬어 찾고 있었다.
누굴까?
잃어버린 선생 수운水雲이시다.
그런데 겨울 어느 날 선생님이 오셨다.
그래서 이 책이 시작된다.
모른다.
나는 이 책이 이제부터의 이 나라와
세계의 길이라는 것, 그것뿐!
그리고 짧은 '시김새'와 함께
나는 이제 어릴 적의 한恨〈그림〉으로,
그리고 저 산으로 돌아가는 것
그것뿐!

병신丙申, 2016년 12월 31일 아침
원주, 대안리 흥업 다물多勿집에서

작가의 말

1부 궁궁ㄹㄹ 유리 화엄 대개벽
궁궁ㄹㄹ 유리 화엄 대개벽 _ 11
시김새 _ 30

2부 우주생명학 1
서다림逝多林 _ 37
〈서다림逝多林〉으로부터 _ 57

3부 우주생명학 2
풍류역風流易 _ 151

4부 우주생명학 3
화엄경과 통일의 길 _ 245

1부

궁궁ㄹㄹ 유리 화엄 대개벽

序
······

모른다.
나는 이 책이 이제부터의 이 나라와
세계의 길이라는 것, 그것뿐!
그리고 짧은 '시김새'와 함께
나는 이제 어릴 적의 한恨〈그림〉으로,
그리고 저 산山으로 돌아가는 것
그것뿐!

— 원주, 대안리 흥업 다물多勿집에서

궁궁ㄹㄹ 유리 화엄 대개벽

2016년 병신丙申 11월 12일부터 12월 29일까지

나는 이 세상이 그저 최초 개벽주의자들이 말하는 '후천개벽後天開闢'으로 새롭게 바뀔 줄로 알았다. 나만이 아니라 많은 지식인들이 거의 다 나와 같이 생각해 왔다. 하기야 최근 진행되는 우주변화와 지구의 세계 변동은 그것이 틀림없는 '후천개벽'인 줄 알았다. 그리고 그것이 곧 '진보進步'이며 필연적 역사진행인 것으로 믿어왔다. 더욱이 최근 세계 정치와 경제에서 나타나는 여성리더십이야말로 여러 형태의 우주, 지구 자연변화 중에서도 으뜸가는 '후천개벽'이며 바로, 정역正易에서의 '기위친정己位親政'인 것으로 믿었다.

그러나 북한의 핵폭탄 사태와 남한 여성권력의 친권親權 부패에다 미국 '마초'의 집권과 중국·일본·러시아·필리핀 등의 '스트롱맨 집정'

지배는 우리의 믿음을 근본에서 뒤집고 있고 보다 근본적 개벽을 발견하도록 요구하고 있다.

다시 말하면 〈선후천 융합개벽〉, 〈음양, 남녀의 평등 대개벽〉, 〈궁궁ㄹㄹ 유리 화엄 대개벽〉을 요구하기 시작한다.

나는 한국분단 뒤의 〈산업화〉를 추진한 박정희와 정면투쟁의 〈40년 민주화〉를 추진하며 늙어버린 미학지향의 시인이다.

나는 동학東學이다.

그러나 천도교인은 아니다.

미국 노암 촘스키가 인정했듯이 한국은 지난 60여 년 동안에 어렵게도 그 엄혹한 분단 속에서 〈산업화와 민주화〉를 동시에 달성하였다.

이제 새로운 국가목표가 제시되고, 근본적인 요구인 '남녀·음양·빈부' 등의 본질적 해방과 평등이 성취되는 〈통일〉과 〈동서사상 화합〉과 세계 인류의 새 길을 이끌어 갈 '참 메시지 민족의 길'을 창조해야 하고 우주와 생명의 큰 변화 속에서 참다운 〈선후천융합개벽先後天融合開闢〉을 이루어야만 한다.

그것이 〈궁궁ㄹㄹ 유리 화엄 대개벽〉이다.

이미 다 공언公言되어 있듯이 〈궁궁ㄹㄹ〉은 동학의 진정한 세계상이요, 〈유리〉는 정역正易의 앞으로 올 춘분春分·추분秋分 중심의 4천년 유리세계와 〈세계 여권운동〉의 상징적 목표인 〈유리천정〉의 그 '유리'다. 그리고 당나라 여자 임금 측천무후가 창안한 상업시장인 〈유리창〉의 표현이다.

또한 『벽암록碧巖錄』에 나오는 설두스님이 압축한 동양 이상정치

(당나라 때)인 〈무봉탑無縫塔〉의 비유다.

　이것을 이제 우리가 현실화시켜야 한다.

　어떻게? 이렇게!

　첫째, 3, 4년간, 남북 협치 과정에서 '참여성의 정치력'을 실현시킬 것. 그것이 곧 〈유리 정치〉다.

　둘째, 미국의 트럼프가 문제는 많지만 미국 민주주의는 그 밑에서 새로운 여성·남성 융합의 〈유리정치〉를 일으킨다. 그것이 곧 한국 영향일 것이니 "동서사상융합"의 시작이 된다. 종교(기독교·불교 우선…) 등등등

　셋째, 변증법 따위가 전혀 아니다.

　옛 로마 말기의 이스라엘과 같은 〈성배의 민족〉, 〈메시지 민족〉으로서 이 민족의 위상을 창조적으로 들어 올리는 과정에 정역의 '4천년 유리세계'가 시작될 것이다.

　그것이 비로소 〈궁궁ㄹㄹ 태극太極〉의 실현이요 세계와 함께 우주의 대변혁, 〈대개벽〉이다.

　나는 이쯤에서 우리 민족이 통일과 함께 참으로 합리적으로 진보와 보수, 좌익과 우익, 남성 지향과 여성지향의 오랜 분열을 저 밑으로부터 솟아오르는 참다운 〈복승複勝〉의 지혜로 융합할 것을 믿는다. 그것이 진정한 〈선후천先後天융합대개벽〉이니 바로 〈궁궁ㄹㄹ 유리 대개벽〉이다. 그리고 그 개벽은 온 세계에, 온 우주에 여러 가지 형태로 이루어질 것이다.

　그래서 곧 〈궁궁ㄹㄹ 유리 화엄 대개벽〉인 것이다.

나는 그 조그마한 첫 시작이 이 나라에서 시작한다고 믿는다. 그것이 곧 참 동학이요, 좁혀서는 1895년 음력 4월 5일 밤 경기도 이천시 설성면 수산1리 앵산동의 앵봉鸞峰에서 시작되는 〈수왕사水王史〉, 즉, 〈수왕회水王會〉다.

나의 기인 투쟁사에서 항상 잊지 못하는 것은 동학의 최수운 선생, 최해월 선생, 그리고 천주교의 김수환 추기경과 지학순 주교이다. 그리고 뒤이어 수경 스님과 월정사의 정념 스님이다.

아하. 또 있다. 나에게 정역正易을 가르쳐 준, 그리고 함께 주역周易도 가르쳐 준 송재국 교수다.

이들을 잊지 못하는 것은 바로 이들의 사상이 동학, 천주교, 불교, 그리고 역易이, 곧 이제부터 바로 와야 할 한국통일과 동양과 전 세계의 대개벽 사상이라는 점 때문이다.

그렇다. 그래서도 나는 잊지 못한다. 또 그만큼 삶에서 나의 힘이 되어준 분들이기 때문이다.

하나, 사례를 들어보자.

지학순 주교는 원주에서 박 정권 반대 시위를 할 때 원동성당에 몰려온 서울과 전국의 여러 사제들로부터 그 중단을 종용받자 단 한마디,

"예수가 예루살렘에 들어갔니? 안 들어갔니? (침묵) 들어가서 어떻게 됐니? (침묵) 죽었다. (침묵). 나도 이제 죽겠다는데 무슨 잔소리들이 많으냐?"

김수환 추기경이 『창조』지에 「비어」를 실었을 때, 내가 갇혀있던 마

산결핵요양원에 김민기·양희은이 와서 노래를 부를 때에 나를 만나,

"우리 천주교의 사명은 남북통일에 있소, 이제부터 우리는 어떻게 해야 하오?"

"북한 공산당은 극좌모험주의에 순 어린애 같은 자들이오. 함께 통일을 말할 상대가 못됩니다. 남한의 박 정권은 우리 역사상 가장 독살스럽고 끈질깁니다. 박 씨가 죽어도 그 힘은 지속됩니다. 문제는 우리가 끊임없이 부딪혀가며 정치역량을 키우는 것뿐, 통일의 주체를 만들어야 합니다."

"당신은 아무리 봐도 서울사람이오, 나는 아무리 봐도 촌놈이오, 일을 처음 일으키는 건 서울사람이고, 그 일을 뒤로 두고두고 감당하는 건 촌놈이요."

잊히지 않는다.

수경과 정렴 스님은 나의 화엄경 공부 과정에 도움을 준 분들이고, 아직 만나지 못했지만 송재국 교수는 '주역·정역 융합의 선후천 개벽'의 유학의 길을 가르쳐 준 분이다.

수운·해월 두 선생님은 우리 집안의 선생이고 나의 평생의 선생님이다.

특히 내가 정신병 발작으로 청주에서 죽음의 위험에 빠졌을 때, 거듭 거듭 "일어나라! 너는 또 일해야 한다."라고 나를 일으켜 세우신 분들이다.

나는 이제 미국과 온 세계, 그리고 이 나라의 남과 북이 다 같이 위기에 빠진 지금, 참으로 요구되는 근원적 대개벽을 찾기 위해 두 선생님의 동학을 중심으로 화엄불교·기독교, 주·정역 두 유학 융합

을 다시 공부함으로써, 이 길 '궁궁ㄹㄹ 유리 화엄 대개벽'의 길을 모색한다.

내가 그동안, 그 길고 긴 민주주의 확립과 생명·평화의 길을 걸어오면서 내내 기독교 등에 의지하면서도 끝끝내 인고의 시절을 감내했던 힘은 결국 수운·해월 선생님의 동학이었다.

끝끝내 동학은, 궁궁ㄹㄹ의 진리를 우선 이 반도와 동양을 참 선후천 융합개벽으로 이끌고, 세계와 모든 생명·무생명과 우주를 진정한 개벽으로 끌고갈 것이다.

이렇게 생각한다.

세상이 지금처럼 이리되면 어떤 일이 올까? NASA가 최근 측정해 내는 것처럼, 우주의 어떤 이름 모를 행성처럼 박살이 나 쪼가리 쪼가리로 분해되어 버릴 수도 있다.

그래야 할 것인가?

그렇게 되도록 〈지랄〉을 칠 것인가?

동학은 동쪽에서 일어나 서세의 〈지랄〉을 막고자 할 것이지만 또한 〈궁궁ㄹㄹ〉을 들어 올려 그 밑에 숨은 〈태극太極〉을 펼침으로써, 바로 그 〈지랄〉을 막는 〈생명과 평화〉를 실현하려 하였다.

지금은 어떠한가? 그때(19세기)보다 더 하다. 무엇이 그러한가?

우주가 크게 (서양과학이 지난 시절 발견한 그것들과는 크게 다르게) 달리 그 진실을 드러내고 있고, 세계가 서양이 주창하던 사회적 진실의 길과는 영 다르게 뒤틀려 있다. 인간들의 마음도 크게 변하고 남녀·음양 등 온갖 대응관계가 뒤틀리고 있다.

이 세상은 이제 기울다 못해 파괴를 자초하고 있다. 내가 여러 번 말해온 '개벽'이란 말은 그 파괴를 오히려 태초에 이 지구와 이 세상 처음 시작될 때의 그 몇 가지 유현한 모습으로 다시 시작하는 일을 말한 것이다.

그런데 그 개벽이 다시금 되풀이되는 듯 이른바 〈선후천 융합대개벽〉으로까지 오고 있다.

수운 선생은 그래서 처음 그 개벽을 말씀할 때, 〈등명수상燈明水上 무혐극無嫌隙〉, '물 위에 등불이 밝으니 근심하지 말라'고 하시어 〈음陰과 여女 그늘과 달 위에 양陽과 남男, 빛과 해가 여전히 밝게 빛나니 걱정할 필요가 없다〉고 까지 말씀하시었다.

무슨 뜻이냐?

나는 이제 바로 그것 〈등명수상燈明水上〉의 참뜻, 현실적 진리를 찾아내어 밝히려 하는 것이다.

나는 이미 나의 책 『수왕사水王史』에서 해월 선생과 빈삼 스님 등이 앵봉에서 28세의 여성 이수인李水仁을 리더로 세워 화엄개벽에의 수왕회水王會를 세워 밀어간 역사를 밝힌 바, 뒤이어 그것의 〈풍류역風流易〉으로써의 정선아리랑과 판소리, 탈춤, 메나리, 그리고 향가鄕歌와 수심가·육자배기 등의 미학의 특징들을 『아우라지 미학의 길』에서 대강 그 뼈대를 드러냈고 곧 뒤이어 『초미初眉·첫 이마』란 책에서 천부경天符經으로부터 조선 전통에서 〈여성성 중심세계〉의 원리 안에서 〈남성성의 탁월한 보조적 역할〉을 찾아내고자 애써 왔다.

결과는 책도 보는 사람이 없었고 현실도 그와는 반대로 가기 시작했다.

그 대표적인 사례가 미국의 트럼프 당선이요. 조선의 북한 핵장난, 그리고 러시아의 푸틴, 중국의 시진핑, 일본의 아베, 필리핀의 두테르테 등 전형적 〈macho〉들의 지배가 두드러지고 그 현상이 온 세계에 퍼지려 하고 있는 점이다.

여기서 우주의 큰 변화(climate exchange)와 세계 및 인류의 〈VR, AI, 알파고, 제 4차 산업혁명〉 사태가 압도하고 있다.

여기에 우리는 이제 참으로 식은 땀 나는 '개벽열정'을 불태워야 할 때가 된 것이다.

나는 여러분에게 한 사람의 동학당으로서 긴긴 세월 기독교도 불교도 정역도 공부해 본 한 동학도로서(천도교도는 아니다) 이제 여러분에게, 이 기괴한 우주가 세계의 변화 앞에서 어찌 갈 것인가에 대해 수운, 해월을 통해 깨달은 바를 말하겠다. 새로운 동학이라고 해도 좋다.

수운 선생님의 본디 용담龍膽의 가르침 안에 그 뒤의 백여 년의 개벽진행과 함께 화엄불교, 정역, 기독교(천주교)와 자본주의, 공산주의 등이 그 진리진행에 관한 한 다 들어있고 NASA와 ESA 등 우주과학의 핵심이 모두 있다.

나에게 우리 지금 모두의 일, 〈산다는 일〉 그것이 무엇인가를 뚜렷이 가르쳐 주는 지혜는 이제껏 나의 공부와 체험, 상상 전체를 통해서 볼 때, 〈동학〉, 〈화엄경〉, 〈주역과 정역〉, 그리고는 가톨릭·기독교 정도다. 물론 천부경과 산해경과 오운육기학五運六氣學 등이 있으나 그것은 거기에 합세하는 힘이다. 나는 결단했다. 지금 현실적으로, 실천적으로, 경험적으로 무엇을 결정하는 일은 똑바를 수가 없다.

새로이 보아야 한다. 새로이 판단해야 한다.

그러고 나서 그 실천을 생각해야 한다.

오고 있다!

새날이, 대개벽의 새날, 화엄적 대확산의 커다란 복승의 날이, 그 〈생명생성의 날〉이 가까이 와 있다. 그것을 파악하는 결단을 해야 한다. 지금 나의 일은 바로 그것이다.

나를 지금 세상에서 내몰고 있는 정체란 것은 모두 한 마디로 무식한 놈들의 짓이다.

깡통 빨갱이 짓이거나 그것도 모르는 깡통 그 자체이거나 기껏 해봐야 제 아비와 그 근처에서 사술邪術을 쓰던 자들의 흉내에 지나지 않는 것들이다.

물론 정역이 기위친정己爲親政이라, 십일일언十一一言이라 해서 여성·아이들·그리고 못난이들을 높은 위치에 들어 올리는 대개벽의 시작을 말하고 있으나 그 개벽의 정치적 실천을 높은 정치적 지혜를 갖지도 못하고, 그렇다고 열심히 삶을 헤쳐 나가는 밑바닥 사람들도 아닌 얼렁뚱땅 사기꾼이나 시시비비가 본질인 빨갱이 따위, 아니면 뭐 그렇고 그런 자들이 선천개벽도 후천개벽도 전혀 감각 없는 그따위 돈벌이 정치를 하고 있으니 어찌 통일을 할 것이며 동서사상융합을 할 것이며, 메시지 민족으로서의 대 한류창조를 할 것인가?

나는 오늘, 병신년丙申年 2016년 11월 26일 최순실 사태와 광화문 전국촛불집회, 그리고 미국의 대통령 트럼프 등장 따위로 현 대한민국 정권, 그리고 북한 김정은 정권의 핵폭탄 소동 앞에 무엇이 참다운 통일과 동서융합과 새 문명 창조의 길인지 낱낱이, 하나하나 명확하게 드러내어 그 해결의 길을 찾아나가기로 한다.

하나만 먼저 전제한다.

수십만 촛불 데모 중에 한 여성 시위자가 경찰에게 살며시 장미꽃 한 송이를 선사했다. 경찰은 시위 내내 수십만 데모꾼 중 어느 한 사람도 다치게 하거나 잡아가지 않았다.

작은 여자 아이들, 남자 아이들이 뛰놀며 장난하는 풍경도 희한하지만, 오늘

"노동자 정권을 세우기 위해 현 정권을 타도합시다."

소리치는 웬 천주교 신부를 향해 한 늙은이가 가라사대,

"우리는 그런 것 모릅니다. 최순실이 때문에 화가 난 것뿐이오!"

또 있다.

데모 뒤에 일체의 쓰레기를 말끔히 청소하고 돌아가는 일이다. 매번, 매번 그렇다.

이것이 무슨 일인가?

이것은 이미 몇 년 전 월드컵 당시 응원팀인 '붉은 악마' 때와, 이명박 정권 초의 시청 앞 '광우병' 파동의 시위 때, 유럽 사회과학 연구자들이 저 2007년 뉴욕 금융사태 직후 전 세계에서 반 년 동안 벌어진 '금융자본주의 반대 데모' 때에도 나타났던 '좌익도 우익도 아닌 문명사 근원의 새로운 창조 요구'라는 기이함과 연결된다.

그래서 나는 이것이 곧 천부경의 핵심인 바로 그 구절 '묘연만왕만래妙衍萬往萬來'의 시작이라고 본다.

그것을 제멋대로 떠들어대는 정치꾼이라는 자들은 아예 이 새로운

역사적 진행과정에 끼어들 여지가 없다. 끼어들 작정인가? 공부도 전혀 없이 너희들이 무엇인데 끼어드는가?

나는 김일부 정역에서 〈기위친정己爲親政 십일일언十一言〉과 〈포오함육包五含六 십오일언十五一言〉의 바로 〈선후천 이중 융합정치, 이원집정의 새로운 정치를 배워 새 시대에 적응하자고 현 정권 초기부터 강조해 왔으나 일절 반응이 없더니 결과는 이 꼴이다. 이제 와서 '책임총리'니 '내치內治'니 떠드는 것도 공부를 안 해서 그렇다.

책임총리란 단순히 편법에 지나지 않는다.

정역에서 상정한 〈포오함육包五含六〉, '보름달이 애기달을 껴안는 형국'은 지금과 같은 선후천 융합개벽에서 요청되는 것이다. 바로 아까 말한 '십일일언十一言과 십오일언十五一言의 융합'이다.

또 있다.

나는 이미 몇 년 전 현 박 대통령이 그 "아비와 어미가 총에 맞아 쓰러진 뒤 18년의 긴 세월 동안 고초가 심했을 터이니 그 아픔을 이해해서 감안하고 대응하라."라는 글을 동아일보에 실은 적이 있다.

새 시대(개벽의 이원성, 우주의 대변화)가 왔을 때, 왜 정치인들은 〈공부를 안 하고〉 자빠져서 〈지랄〉만 하는가?

〈공부〉가 무엇인가?

서양흉내가 공부의 전부인가? 그것도 껍데기를!

아니면 무엇인가? 신문이라도 제대로 읽어라!

어제 오늘 조선일보, 동아일보 등 큰 신문들은 '190만 촛불시위 군중이 〈여성〉, 〈아이들〉, 〈노인네〉로 가득찬 〈격조〉 높은 평화시위'였음을 강조하고 있다. 외국 언론들은 깜짝 놀라서 이 〈한국의 정치적 충격〉을 사방에 외치고 있다.

이것이 무엇이냐? 오늘 아침엔 미국 국무부도 '평화시위' 찬양이다. 이른바 루돌프 슈타이너Rudolf Steiner와 그의 일본인 제자 다카하시 이와오高橋巖가 강조한 문명 전환기의 '성배聖杯의 촛불', 이스라엘과 같은 메시지 민족의 등장인 것이다.

새삼스런 이야기일는지 모르나 나는 내 나라, 이 민족이 그렇게 간단한 민족이 아니라는 말을 여러 번 해왔다. 무슨 뜻일까?

기이할 정도로 세심細心이 깊다는 뜻이다. 세심!

어떻게 한 젊은 어머니가 어린 아이를 껴안고 그 시끄러운 200만 촛불시위에 참가하는가?

이것도 이태리의 노동운동 전문가 〈네그리·하트〉가 말하는 〈세올리니에—부르주아 부귀를 탐내는 고급 노조쟁이들의 직업적 폭력시위〉와 같은 것인가? 아니지 않는가!

그러면 무엇인가? 자! 나의 이야기는 여기서부터 새로 시작한다. 셋으로 우선 요약한다.

하나. 세상은 크게 변하고 있다. 어떻게?

음이 양으로 변한다. 무슨 뜻인가?

음이 양처럼 '활동적'으로 변한다는 뜻이다. 바이러스, 특히 〈물〉에서도 그런 변화가 오고 있다. 정신 차려야 한다.

그러나 그렇다고 음에 밀려 양이 아예 죽어버리는가?

천만에! 그러면?

그 역할이 바뀌고 있다. 어떻게?

내가 그래서 나의 책 『초미初眉』에서 그것을 탐색했던 것이다.

『초미初眉』를 잘 찾아보라.

둘. 〈역易〉이, 그 역할이 어떻게 변할까?

바로 이것이다. 미국의 트럼프 일당 같은 음담패설과 미국 저 혼자 잘 살겠다는 뻔할 뻔자의 〈마초의 길〉이 아니지 않는가? 그러면 무엇인가?

셋. 음은? 음은 옛 양의 길. 〈천하제패〉의 길, 뭐든 밟고 눌러서는 그 길을 갈 것인가? 지금 몇 여성정치 패거리들처럼 까불어대면서 좌익 흉내나 내고…….

아니다.

그러면 어찌할 것인가?

이것부터 정리해가자!

나는 모든 것이 차분하게 정리되는 세상을 그리 크게 바라는 것은 아니다. 그러나 어떤 것이 세상을 주물럭거리더라도 〈그 나름으로〉 그 나름의 정연한 질서가 있기를 바란다.

그래야 되지 않겠는가? 그런데 지금 우리나라의 〈음양 관계〉, 그리고 나아가서는 온 세계, 특히 강대국이라는 것들의 정치·경제 질서는 어떠한가? 〈스트롱맨 우위 운운云云〉하고 있는 건 또 무엇인가? 그럼에도 미국 여론 (요컨대 NYT 등)이나 미국무부까지도 한국의 최근 〈촛불시위〉, 그 〈200만 데모〉의 평화적인 가지런한 〈여성·아이들·노인들과 힘없는 대중들〉의 철저히 민주적이고 균형 있는 시위에 놀라고 반가워하고 있다. 이를 어찌할 것인가? 어찌 보아야 할까? 또 어디서 나온 힘이요 질서인가? 무엇인가?

한마디로 규정한다. 〈촛불〉은 '모심'이다.

박지원이까지도 "한국의 진짜 정치력은 국민 자신이다."라고까지 말하고 있다.

그러나 광주 촛불 데모에서 문재인이 연설하려 했으나 단상에 오르지 못하게 했고, 안철수도 경상도에서 군중에게 욕을 먹었다.

그렇다. 한국의 〈정치력〉, 참다운 대권은 '정치 패거리' 따위가 아니다. 당연하다. 이제 때가 된 것이다.

무슨 때?

〈정치 개벽의 때〉가 된 것이다.

왜?

그 패거리가 〈모심〉이 전무하기 때문이다.

그것이 새 시대의 정치꾼으로서 결정적으로 모자라는 것이다. 이것이 이제 공개적으로 제시된 것이다. 이것이 다름 없는 〈정치의 개벽〉이다. 정역의 〈기위친정己爲親政〉이다. 자! 이제 '시작'이다.

밑바닥 민중 자신의 직접정치 〈기위친정己爲親政〉이 시작되었다. 〈십일일언十一一言이다〉 그러나 이와 동시에 〈십오일언十五一言〉을 "안아야만 한다." '개벽'이다.

정역의 〈포오함육〉이다.

동학의 〈묘연이요, 그렇게 해서 만왕만래〉이니 공자가 이른바 〈종만물終萬物 시만물始萬物 막성호간莫盛乎艮〉(明代황호동의 지적)이다.

다른 것 있느냐?

바로 이것이 동학 부적 '궁궁ㄹㄹ' 바로 그것이다.

에둘러 표현한다면 〈동서양 융합〉이요

〈남북통일〉이고 〈좌우익 화해〉이고

〈바닥과 윗길의 일정—政〉이니 그야말로 선후천 융합인 것이다. 이에 19세기에 수운 선생은 현재 우리가 원하는 선후천 융합개벽을 일찌감치 제시하시었다.

이제와 서서히 그것이 우주변화, 생명변이와 인류사상의 변혁과 함께 절박해지는 까닭은 '뜬 허공이론'이 아닌, 마치 230만 여성·어린이·젊은이·노약자·백성들이 더불어 다른 사람도 아닌 대통령의 하야를 요구하는 〈직접민주주의의 기위친정〉 과정에서 이제 바로 우리가 평화로 〈통일〉하고 〈융합〉하고 〈창조〉하는 것은 즉 〈복승개벽複勝開闢〉을 요구하기 때문이다.

이에 조건이 있으니, 그 복승은 '오운육기학'과 함께 먼저 숨은 차원(예컨대 '심층경락')으로부터의 〈생명출현〉(마치 부처 사후의 '사리'나 김봉한의 산알 같은)을 전제하는 것이다.

나에게 누군가 말한다.

"너는 누구인데 우주생명의 개벽을 그리 함부로 말하느냐?"

나의 대답은 이렇다.

"누구든지 간에 그것을 이제 제 입으로, 제 생각으로 말하고 실천해야 할 때가 왔다."

이때가 바로 〈선후천 융합개벽〉이니 곧 '대개벽'인 것이다.

어제 국회에서 234표로 현직 대통령의 탄핵이 결정되었다. 230만 시민들의 '촛불시위'의 결과다. 이제 헌재 결정이 남았고 대통령은 말없이 받아들인다.

〈촛불시위〉 230만.

그들의 하나같은 소리

"우리가 정치해야겠다!"

바로 이것!

〈대개벽〉이다. 동학의 〈후천개벽〉이고 정역의 〈기위친정〉이요 〈십일일언十一言〉이다.

이제 선도자가 아니라 민중 스스로 그것을 선천적으로 주장하기 시작했다. 물론 정치가, 종교인, 지식인의 십오일언(十五一言)도 보조적으로 '융합'해야 한다.

바로 〈무위존공戊位尊空〉 이른바 〈포오함육包五含六〉이다.

〈우뚝한 사람을 빈 채로 모심〉, 곧 〈보름달이 아기달을 껴안는 것〉이다.

이것이 결국은 동학 수운 최제우 선생의 '선후천 융합대개벽'이다.

따르자! 그대로 될 것이다.

전 세계 역사와 우주의 진행이, 요청했던 바로 그것이 지금 역사의 가장 날카로운 현실인 '대통령 정치', 바로 그것에서 요청되고 민중의 구체적 목소리로 터져 나왔다.

이에 미국무부와 뉴욕타임스도 놀랐다.

"이것이다!"

그러면 이제 '통일·융합·창조'의 큰 세계와 우주과제는 어찌 될 것인가? 될까?

된다!

나에게도 이것은 참으로 어렵고 어려운 과업이었다. 그리하여 현 대통령이 탄핵에 이르러야 하는 정치 행태도 마땅치 않았고, 미국의 힐러리 여성 대통령의 당선과 함께 무사히 이것 '덕주 공주'의 괘에 대한 탄허 스님의 해석대로 진행되리라 믿었드랬다. 그런데 트럼프의 당선과 미 국무부의 후퇴로 잠정적 정지상태가 된 것이다. 나도 바로 이 〈macho〉의 등장과 함께 일기 시작한 〈촛불〉을 주목하기 시작했다.

이것은 이른바 〈융합개벽〉의 상황이 깊어지는 것이었다. 그렇다. 그렇다면 이제야말로 동학이 정역 및 화엄경, 그리고 부분적인 예수의 가르침과 함께 근원적인 민중의 '복승'의 길이 온 우주, 온 세계, 온 동아시아에 현상화될 때가 온 것이라고 확신하게 되었다.

특히 '촛불'은 지난 시기 '광우병', '붉은 악마', 그리고 미국의 금융시대 직후 전 세계에 걸친 반 년 간의 '금융자본주의 비판 시위'와 함께 〈기이하고 기이한 평화의 새 행동〉이었다.

나의 결단이 내려져야할 시기이다.

통일, 남북통일은 언제 오는 것일까? 올해, 2015년(甲午年)초, 조선일보의 조용헌은 칼럼에서,

"월악산 영봉의 달이 물에 비치면 그로부터 30년 후 나라에 여자 임금이 나타나고 3년째 되는 해 나라에 큰 변화와 경사가 일어난다." 라고 했다.

이것은 신라 마지막 왕 경순왕이 나라를 버리고 송도로 끌려가다가 원주 뒤 미륵산이 좋다고 그곳에 내려 정착한 뒤, 그 아들 마의 태자는 조금 곁에 있다 금강산과 인제로 떠나가고, 그 딸 덕주 공주는 바로 월악산 밑에 와 중이 된 뒤 늘 빌어 큰 세상을 빌더니, 어느 날 그와 같은 괘가 왔다고 한다. 이것을 해방 후 월정사의 탄허 스님이 덕주사 월행月行 스님과 친해서 자주와서 그것을 해석하되, 그것이

바로 〈통일〉이라 했다 한다.

그러나 월악산 밑에 물이 없었으니 박정희 때 충주 앞 호수 물을 끌어 그곳에 물이 찼고, 그로부터 30년 뒤 여자 대통령 박근혜가 등장했으니 작년(2016년)이 바로 그 해가 되었던 것이다.

북한 김정은이 신년사에서 올해(2016년)를 '통일의 해'라고 떠들고 박 대통령도 여러 번 통일을 강연해 왔다. 그리고 미국 힐러리 대통령 후보와 오바마 현 대통령도 통일을 얘기했다.

그러나 연말에 트럼프의 역전승과 박근혜 탄핵사태로 〈통일담론〉은 잠복해 버렸다.

어찌될 것인가?

안될 것인가?

천만에!

이 나라의 전통적 비의秘義는 '흰 그늘'이고 〈고통 속에서 피어오르는 빛〉이다. 그래서 〈다물多物〉이고 그래서 〈불함不咸〉이다.

나만이 알고 주장하는 것이 아니라, 이젠 온 세상이 다 놀라 격찬하고 있다. 이것이 작은 일이냐? 북한의 독재자 제거 형식에 의한 통일정도가 아니고 200만, 300만 촛불의 평화적 행동에 의한 대개벽의 길, 〈통일·융합·창조〉의 과정에 이제 또 하나의 더 큰 '4·19'가 드러난 것이다.

아아!

나는 이제 꽃! 나의 꽃, 어릴 적부터의 꿈이요, 꽃인 〈그림〉으로 단연코 돌아간다. 그것이 바로 〈나의 통일〉이다.

나는 이 짧은 글을 수운 최제우 선생님의 돌연한 계시로 쓰는 것이다. 다음에 쓸 글 〈시김새〉도 역시 그렇다. 현대 한국에서의 나의 미학도 고유섭 선생의 〈구수한 큰맛〉 이후 처음이다.

  우선 한마디만 한다.

  짧다 해도 역시 나의 '시김새'는 또 하나의 〈구수한 큰맛〉이다. 바로 〈흰 그늘〉이기 때문이다.

  정치적 변론 따위가 아니다. 아니, 그것까지 다 포함한, 보다 큰 권위적인 〈풍류〉이다. 그리 이해하기 바란다.

  하여 언필칭 〈풍류역風流易〉이다.

  〈풍류의 한류〉는 새 세계의 그야말로 가장 정확한 정치다. 또 최고의 예술이다.

  그리고 〈물〉, 즉 약이다.

  나는 다음과 같은 다섯 줄의 〈읊음〉을 전한다.

  〈이 세상 모든 것이 물기 없이 되는 것 없고/ 우주의 온갖 일이 달 없이는 불가능이라,/ 나는 '이룸과 맺음'이 모두 다/ 물의 그늘과 달의 빛으로 이룬다 결정한다.〉

시김새

병신년 2016년 12월 18일

　내가 이제껏 써온 〈궁궁ㅋㅋ 유리화엄대개벽〉은 그야말로 큰 의미의 정치였다. 그러나 오늘 대개벽의 구체적 실천이 오직 정치, 비록 〈십일일언十一一言의 기위진정己爲親政〉이라 하더라도 그뿐으로 될 것인가? 안 된다. 그렇다면 어찌해야 하는가?
　이제 광우병, 붉은 악마, 금융자본주의 비판, 세계시위에서도 명백히 드러났듯이 '근원적인 문명사적 대결단'의 요구로써 제기되는 〈문화적, 예술적, 미학적인 표현〉이 필요할 것이다.
　즉, 조선의 표현으로서는 한마디로 '시김새'가 필요한 것이다.
　이미 지난 촛불에서도 풍류놀이와 농악과 힙합의 융합 등이 수없이 나타났다. 그것이 그냥 심심풀이에 불과했던가?

"아니다!"

이 "아니다!"에 주의를 기울이라!

그러하면 무엇인가?

'삼매三昧', '명덕明德', '천성天性', 또는 '전지전능全知全能'이다.

참으로 그렇다.

이 나라는 본디 그러한 나라다.

참! 그전에 한 가지 꼭 전제하고 나갈 일이 있다.

이제 2016년 12월 17일부터 안국동에서 촛불에 대한 〈맞불집회〉가 열렸다. 무려 10여 만의 '박 대통령 지지자들'이다.

거기에 또 야당이, '더민주당' 사람 왈

"탄핵이 저지되면 혁명을 해야 한다."라고 제 딴엔 마치 혁명과 같은 소리를 했다.

물론 북한은 좋아라 할 것이다. 저희들 배고픈 것도 생각 안하고…… 허허허!

이것을 그대로 두고 앞에 제기한* 대개벽의 기둥을 밀 것인가!

그렇지만은 않다.

그럼 어찌할 것이냐?

이제 그 문제를 다룬다. 그것이 도리어 참다운 〈개벽의 핵〉이다.

진정한 판소리의 핵심 〈시김새〉를 검토해야할 때이다.

'시김새'는 메나리, 탈춤, 판소리, 그리고 그 근본에서 본다면 (송흥록) 정선 아리랑까지도(왜? 강원도 영월) 월산인 풍류와 발해만 북단 예맥으로부터 남진한 산해경 소리샘까지 북쪽의 수심가愁心歌, 향가등과 합하여 모두 다! 그 본질을 이루는 것, 〈다물多勿이고 불함不咸

이다〉인 것이다.

　나에게 누구를 다음 대통령으로 추대할 것이냐고 물어 온다면 나는 틀림없이 단 한마디로 대답할 것이다.
　"밑바닥 백성이다. 이미 정역에 '기위친정己爲親政(밑바닥이 스스로 임금이 된다.)'이라고 쓰여 있다.
　물론 거기에는 '무위존공戊位尊空(우월한 사람들을 빈자리에라도 존중해 올림)'이 있긴 하지만, 즉 지식인, 종교인, 정치인 이야기이다."
　이것을 정역은 새로운 개벽인 〈보름달이 애기달을 껴안는다(포오함육包五含六)〉고 표현했다.

　온 세상이 알아야 한다. 바로 이것! 이것이 참 민주주의요 참다운 한류요 곧 '시김새'다.
　이제 그 '시김새'를 말하자.
　'시김새'는 조선민족이면 누구나 잘 아는 '풍류風流', 바로 그것이다. 예컨대 판소리, 메나리, 탈춤뿐만 아니라 수심가, 향가, 육자배기까지도 '시김새'가 흐른다.
　'시김새'는 직접적으로는 〈김치 맛〉이다.
　또는 〈비빔밥 맛〉이다.
　그것을 한자로 표현한다면 〈삭임〉 즉 〈강降〉이다.
　한마디로 《컴컴한 바탕 속에서 흰 빛이 스스로 떠오르는 맛과 멋》을 말한다.
　줄여서 그대로 〈아니다, 그렇다〉 즉, 〈불연기연不然期然〉이니 그야말로 〈흰 그늘〉이다.

  이것을 현대화하는 것.

  이것이 모든 것이다.

  그리고 이것이 오늘의 사상이요 정치요 경제요 문화인 것이다.

  과학!

  다른 곳에 있지 않고 바로 여기에 있다.

  왜?

  바로 《물》의 기이한 성질, 그 본질, 즉 풍류의 본질이, 시김새가 바로 《불연기연不然期然》이기 때문이다.

(병신丙申, 12월 29일 9시 30분 대안리 흥업.)

2부

우주생명학 1

序
......

몇 년 전부터 이곳 원주에서 화엄경 공부의 끝을 쓰기 시작한다.
'우주생명학'으로.
먼저 부처님의 글이니 말을 받은 첫 제자들의 문제의 땅
〈서다림고독원逝多林孤獨園〉을 제목으로 잡는다.
아마 그 뒤는 후배들 보고 하라는 말이 될 것이다.
그것의 숨은 핵은 바로 〈물〉이다.
나는 이제 글을 끝낸다. 물을, 그리고 그림과 산山으로 간다.

― 배부른산 밑에서

서다림 逝多林

2014년 갑오甲午 12월 15일

1.

내가 산을 물이라, 물의 근원이라 보고 또 대륙을 바다의 시원이라 보며 반대로 물이 산의 시작이요 바다가 참다운 우주의 첫 발판이라 주장하는 까닭은 참으로 인간과 온 생명체가 이제 진정한 대개벽을 맞아 우주의 본을 드러낼 때가 되었기 때문이라고 감히 말하는 바이다.

이것은 세 곳,
'풍점고개', '골덕내', 그리고 '옥고개의 숫돌고개길'이 하는 말이다.

2.

이제까지 내가 내내 몰두해 왔던 일, '아름다움(美)'의 〈사람뿐 아니라 산과 물, 그리고 짐승과 삶의 물질적 기초와의 연관, 즉 〈생명관〉은 그동안 '복희' 이래 역易에서 내내 다루어왔던 상象과 역曆 즉, 공간과 시간이 아닌, 또는 그 둘 사이의 가상적 합슴이 전혀 아닌, 숨어있는 어떤, 그야말로 〈우주적 생명의 문득 일어섬〉 즉 〈복승複勝〉이었다.

나는 이제 우주생명학으로써, 바로 이것 〈상象과 역曆과 복승複勝〉을 〈감은사感恩寺〉 전통 속의 늠름한 전통 주맥主脈인《궁궁명弓弓冥》으로 현실화하려 한다. 그것이 다름 아닌 〈아름다움〉 즉 미美요 Healing이며 다름 아닌 개벽開闢인 것이다.

바로 이것이 산山이요 산에서 나온 물이요 물의 그 해인海印 즉 〈바다 밑 새 우주〉, 다름 아닌 〈새파란 새 하늘〉인 것이다.

다른 것 아니다.

화엄경이요, 아인슈타인이요, 베링 해海의 노래요, 예수요, 〈세존世尊〉이요, Aura인 것이다.

3.

바다는 이제 인류 전체의 미래다. 그래서도 인류사史의 현실과 미래는 〈해인海印〉이고 〈화엄경(법화포함)〉이다. 그렇다면 더욱 장보고의 〈청해진〉과 진도·완도 그리고 부산·양산과 가덕도는 중요한 바다다. 그리고 부산의 〈EAST·Rotterdam〉 결정은 해양경제시대의 TPP의 중요성에 맞물린다.

따라서 해운대海雲臺의 〈영구망해靈龜望海〉, 목포木浦의 〈회룡고조回龍顧祖〉와 달맞이 고개의 〈등탑역괘噔塔易卦의 개벽기적 독자성〉은 중요한 것이다.

그리고 그에 따라 〈무척산〉과 울산, 양산 통도사와 그 과정의 범어사, 그리고 이어서 〈산山에서 물을〉 배우는 〈애월처涯月處 왕수운王水運〉이나 〈골덕내·풍점고개·옥고개〉 및 〈좀재―부론―월봉月峰〉은 중요하다.

《남진원만북하회南辰圓滿北河回》가 다시 중요해지는 까닭이다. 나라만 아니라 우주생명학 전체에서 중요한 첫 걸음이다.

그리고 김천의 경우, 〈땅에서 물을 배우는 지혜〉에서 산山을 활용하는 공부는 매우 매우 중요하다.

요컨대 〈굴이 너무 많다〉 그래서 산山이 기운을 잃어버린 근대화의 맹점이 눈에 걸린다. 한국 풍속의 서西편 편향도 문제다.

4.

나의 편향偏向인지도 모르겠으나 나의 긴긴 〈사료思料〉의 과정 끝에 도달한 결론은 풍수風水로 도리어 현대 인류의 삶을 불편不便치 않게 함으로써 크게는 우주의 현재 진행되고 있을 생명세계生命世界변화에 합당한 구체적 삶을 제시해 줄 수 있는 좋은 〈복승적複勝的 이재利才〉라 할 것이다. 따라서 대화엄사상, 〈역易〉과 함께 필수적 3대 요소로 풍수를 우주생명학에 포함시켜야 한다고 믿는다.

5.

매우 유감스러운 일이긴 하나 이 우주생명학에 그림이나 상징 부호 같은 표식이 들어가지 못함은 매우 서운하다. 그러나 나의 우주생명학이 가진 방향과 성격 등으로 보아 이들은 적절치 못하므로 어쩔 수 없다.
그러나 앞으로 결정된 어떤 기호 표식 등을 통한 〈음音〉의 알림이 부분적 〈수數〉와 함께 우주생명의 신비로운 진행을 알리게 될 것이다.

6.

간혹 어떤 독특한 〈해외지역海外地域〉의 산악이나 도시의 지형, 건물 등의 자연 또는 공간적 외형에 그 설명이 반드시 필요한 경우 간소한 외곽 그림을 그릴 수는 있을 것이다. 그러나 그런 경우는 매우 드물다. 그리고 거의 예외例外적일 것이다.

7.

　이 또한 거의 예외적인 경우이겠으나 〈예수〉의 이야기에서 이른바 '외경外經'의 〈사례事例〉가 나올 때는 특별히 어떤 〈사례적事例的〉인 설명 그림이 나오는 수밖에 없다. 그러나 이것은 그 의도하는 바가 다른 곳에 있음이 아니라 이제껏 2천 년간 잘못 가르쳐온 기독교의 '도그마'를 (교정하지 않는다 하더라도 분명) 잘못이라고 '지적'은 하고 넘어가기 위함이겠다. 많지는 않다.
　그러나 있다. 이것은 〈불교佛敎〉의 경우, 특히 '〈서다림逝多林〉' 케이스에서 여러 번 등장할 것이다.
　또 '역행易行'과 '공자사례孔子事例'들이 있다. 다 불가피한 경우들이다.
　지혜의 새 시대, 그것도 〈우주적 생명의 새 시대〉를 참으로 열기 위해서 어쩔 수 없다.

8.

　'획劃'이란 무엇이겠는가?
　바로 그러한 그림이나 설명으로 〈일 획(一劃·석도石濤의 〈수묵산수화법水墨山水畵法〉)〉을 그어 새 출발을 촉발하는 일이 아니겠는가!
　그렇다!
　〈음陰〉이 도리어 이른바 〈평상적인 리듬이나 변혁의 높낮이의 질서〉를 가르쳐 주는 것이라면 바로 이 〈획〉은 새 질서를 열어주는 산뜻한 〈흰 그늘(백암白闇)〉, 즉 〈시김새〉요 〈볽〉 즉 〈불함不咸〉인 것이다.

그 〈획〉이 우주생명학 실천에서는 아마도 가장 중요한, 그리고 어려운 고비가 될 것이다. 명심銘心해야 하리라.

9.

우선 강원도 원주의 미륵산과 백운산 사이의 고개인 〈양안치兩岸峙〉가 바로 대표적인 〈획〉이다. 그래서인지 원주 쪽의 내리막길의 그 내리막이 오르막으로 착시되는 '도깨비 길'이 있다. 양안치는 450m 이지만 미륵산에 비가 내릴 때, 백운산엔 눈이 오는 차이가 있으니 〈획〉일 수밖에 없다.

더우 그 획은 미륵산 지차골에 한·중합작韓·中合作의 〈선종禪宗까지 포함한 화엄불교華嚴佛敎의 용화사龍華寺〉가 있고, 백운산에는 이른바 '황사영' 사건으로 유명한 〈배론성지聖地〉와 기타 성당 등을 위시한 〈천주교天主敎〉의 요새들이 또한 고조선계 천부경天符經에 연속된 〈정도령〉 따위 소巢 및 산시山市나 〈십자봉十字峰〉 등이 있어 그야말로 동서양東西洋 문명 흔적이 상호 〈획〉을 이룬 곳이다.

그야말로 〈양안치兩岸峙〉 아니겠는가!

10.

〈양안치〉의 '도깨비길'이야말로 그 획의 우주몽환적 사태다. 그러나 아주 작다. 다만 앞으로 다가올 〈도깨비 역사〉의 한 조짐이다. 어떤? 예컨대 한 나라의 운명이 한 인간의 죽음으로 평화롭게 해결된다던지, 또는 그 한 인간의 필지의 죽음마저도 산채로 사라짐으로써 그로인한 세상의 소란이 기어이 해결된다든지 하는 것이다. 이것이 〈양안치兩岸峙 도깨비길〉의 비의秘仪이다. (제주도 도깨비오름과는 그 비의秘仪가 다르다.)

11.

나는 〈양안치〉를 〈양수리兩水里〉의 '두물머리'와 정선의 '아우라지'(여량餘糧)과 함께 매우 중요한 〈명계冥界〉, 〈태음지太陰地〉, 〈Be-Aura〉(벤야민의 특수용어) 또는 〈궁궁처弓弓處〉로 인식하고 있다.

12.

나와 아무리 멀리 떨어져 있다 하더라도 나의 아내와 나의 두 아들을 나는 언제나 한 운명運命으로 묶어 생각한다.

틀렸는가? 아니면 낡았는가?

아니다! 그렇지 않다. 그것은 옳다.
그리고 그것을 틀렸거나 낡았다고 생각하는 태도가 틀렸고 낡았다.
왜 그러한가?
현 시국은 전혀 그러하지 않은가!
아니다.
다만 우주생명의 큰 변화, 즉 선후천先後天 융합대개벽이 진행 중에 있기에 그렇게 보이는 것뿐이다.
이른바 〈과도기〉다.
왜?
오고 있을 새 기운, 우주생명의 새 운기運氣는 도리어 〈단골 신청〉이다. 옛말의 저 《단골신청檀骨新靑》 말이다.
"신기神氣를 감청하는 여성주체(단골檀骨)와 그녀를 보완하고 실천으로 옹위하는 애틋한 젊은이(신청新靑)가 세상과 우주와 문화의 참 주인이 되는 시절"이 온다는 미묘한 개벽이다.
이른바 〈천부경天符經〉의 〈묘연妙衍〉이다.

나는 아주 오래 옛날부터 '여자가 왜 우스꽝스레 구박을 받는 것인가?'를 의심해왔다.
여자의 능력이 대단하다는 것을 알아서 그런 것이 아니다. 그렇다고 무슨 대단한 휴머니스트여서도 아니다. 다만 그 구박이 너무 심하고 이유 없다고 느껴져서였다.
그래서였던가. 그 여자인 어머니가 그 구박의 여파요 반발이라 할 '자식인 나에 대한' 역증과 심한 억압을 받아들이면서도 전면 부정하고 있었다.

그것은 매우 오랜 지속이었다. 그 지속 속에서 이미 어떤 학문 이전에 역사의 어느 숨은 기간 속에 있는 어두운 비밀을 예감하기 시작했다.

그것은 〈모권제母權制〉에 대한 민감한 반응으로, 그리고 〈후천개벽後天開闢〉에 대한 전면적 접수로 나타나기 시작했다.

Bachofen의 〈on matriarchy나 Erich Neumann〉, 그리고 동학東學의 〈후천개벽〉과 서양 페미니즘, 이어서 지금 진행 중인 〈선후천융합先後天融合 대개벽大開闢〉과 '리나 셰브첸코'의 〈Femen·토폴리스〉, 그리고 박근혜씨의 여성대통령 등장에의 호응이다.

그러나 보다 더 근본적인 것은 NASA 및 ESA, 그리고 '에밀리아노·포플러'의 화이트·홀 천문학과 김일부 정역正易의 〈4천 년 유리세계 개벽〉이다.

그러나 이에 앞서 세상은 어찌 새 시절로 개척되어야 할 것인가?

어찌 생명이 보장되며 개발되는 그러한 지구로, 세계로, 우주로 나아갈 수가 있을 것인가?

나아가 그것은 어찌 이미 말한바 '물 세상', '토플리스'와 연속될 수 있겠는가?

이것이 나의 의심이었다.

여기에 대답이 왔다.

내가 몇 번씩이고 되풀이 되풀이 강조하고 있는 〈모권제母權制 부활復活의 대개벽大開闢〉이 이미 몇 천 년 전, 아니 천여 년 전에도 시도되었었다는 점이다.

　언제, 어떻게 그것이 구체적으로 시도되었던 것일까?

　나는 이것을 깐깐한 역사학자의 기표 자료학 스타일로 말하고 싶질 않다.

　왜?

　마치 우주와 세계가 수리적數理的 진행進行인 듯이 느껴지게 될 가능성이 있어서다.

　나는 그것이 필요하다고는 느끼지만 가능한 한 피하고 싶다.

　그래서 이런 방법으로 말하고자 한다.

　이렇게!

13.

　내가 이제껏 강조하고자 한 것은 Bachofen이 이른바 '탈모권기脫母權期'라고 불렀던 가부장시대家父長時代에 의외에도 난데없이 오늘 〈음천기陰天期〉라고나 불러야 할 여왕제패시대女王制覇時代가 닥쳤다는 것이다.

　'측천무후시기'와 '선덕여왕시대', 이 둘을 비교해보자.

　그리고 그 과정에서 후자 '선덕여왕'의 경우 그 〈대비〉와 〈보완〉세력으로서의 '미실美室'과 '김유신'의 우주생명학적 언급을 제시하여, 이와 비슷한 비교는 '측천무후' 케이스에도 적용될 것이다.

　'측천무후기'와 '선덕여왕기', 이 둘은 그야말로 여성패권임이 틀림

없음에도 오히려 가부장권력 못지않은 제왕술과 패권, 그리고 시장 개발과 정복완성 등을 이루었다. 이점은 어떤 '숨은 힘' 즉 〈복승複勝〉의 작용을 감안해야 할 것이다.

어떻게 그것을 추급할 것인가?

이렇다. 예컨대 '선덕여왕'의 경우, 삼국사기三國史記와 삼국유사三國遺事에서 다음과 같은 기록을 들어 올려 독특한 검토를 가해야 할 것이다.

1. 여왕은 매사에 조급하고 성급했다.
그러나 확고하고 용맹스러웠다.
(사기史記)

2. 여왕은 매일이 '여삼추女三秋'였으니 하는 일이 모두 다 국사國史였고 대사大事였다.
(유사遺事)

① "여사 선훈 명천권如事 鱔薰 明天权"
② "려일일매실 비정대사철 麗日日每失 比政大事撤"

이 같은 기록이 뜻하는 바는

① "매일의 작은 사태의 자그마한 이로움도 모두 다 커다란 하늘의 밝은 이치인 듯이 행行하여 처리하고……."

② "매일 매일의 하나하나 작은 어여쁜 일들도 모두 다 정사의 거대한 사건들로 알고 꿰뚫고 전하였다."

라는 것이 된다.

그렇다면 이것이 무엇을 뜻하는 것일까?

선덕여왕이 그리하였다는 뜻인데 이것이 "성공한 정치"였다는 말이니 이 또한 기이한 일이 아닐 수 없다.

이는 곧 나의 책 '초미初眉'에 나와 있듯이 (p.260)

"당나라 측천무후 집권 때다. 떠돌이 학자 (유학인流學人) 권학밀勸學蜜 저 〈제오천리원制五天理原〉에서 —나라에 음천陰天이 일어나면 일월성신운日月星辰雲의 다섯 천체가 기이하게 바뀐다. 그것을 누가 막으랴. 다만 따르는 것만이 〈천리天理〉의 핵심이다." 라고 했다. 많은 변화가 있었다. 특히 오늘의 상업인 '유리창'에 거대한 변화의 변이 왔다. 그러나 남자들, 특히 어른을 자처하는 일부 선비들을 반란과 음모를 일삼았다. 오늘 이것을 어찌 봐야 할까? 그 뒤 '서태후' 때의 석학 강유위康有爲의 발언, 또 그 뒤 한국의 '민비' 때의 금강산 스님 '명률明律'과 강화학파의 '한오덕韓五德'의 글, 이들의 발언 속에 이미 기왕의 사기史記와 유사遺史의 선덕여왕 관련 기록의 미묘한 '아이러니'가 다 압축돼 나온다.

자! 바로 이것이 〈수왕사水王史〉다.

14.

나는 이 모든 점点이 음천陰天의 개벽적開闢的, 그것도 선후천융합대개벽적先後天融合大開闢的 특징을 요약한다고 본다.

그 특징은 상고上古의 공동체 경우 여성 '사무史巫'나 '신당神堂'의 경우처럼 '작은 듯하나 크고', '꾀죄죄한 듯하지만 그 속에 우람한 스케일이 작동하는' 것들이 있다.

이것을 머언 신화神話들에서는 이른바 〈원신대천遠神大天〉이니 〈미귀요재방微鬼妖才方〉이라 일렀다. 다 기이한 말들이긴 하나 결국 그것은 모두 이 복잡한 〈혼돈적混沌的 전환기轉換期〉에 여성 권력이 행사하는 〈미묘하고도 신이神異한 숨은 공력功力〉이 있는 묘책들을 암시하는 것들이겠다. 요컨대 현대와 같은 전 우주, 전 세계적인 대전환의 요동기, 전환기에 〈참으로 요청되는 묘방妙方〉, 그야말로 신귀神鬼한 《묘연妙衍》의 실체가 아닐까 한다.

그렇다!

그렇다면 이것은 이 시기에 전 세계, 전 중생계적인 보편성과 공통성, 진실성이 있는 것일까?

바로 이것을 검토해 보기로 하자.

《묘연妙衍》, '묘연법妙衍法', '묘연술妙衍術'이 나왔다. 이것을 비술祕術이 아니라, 〈묘방妙方〉이나 〈책략策略〉으로써 정치政治적으로까지 도입할 수 있고 보편적 개벽정략開闢政略으로 정착하여 드러내는, 드러낼 수 있는 그러한 옛 지혜의 끄트머리들을 한 〈7개항〉정도 추슬러 보기로 한다.

다음이다.

① 〈육위삼략六韜三略·권이卷二·삼향일책三嚮一冊〉에서 '이제까지 내내 거대한 왕도王道로써 존중받아 왔던 일 세 가지가 일시一時에 척결당하는 사태가 있다. 그 세 가지는 ① 전쟁에서 부하를 죽이는 일 ② 전쟁에서 나라를 빼앗는 일 ③ 전쟁이 끝나고 그 백성을 적당히 억압

하는 일로써 이는 진정으로 〈패도敗道〉인 바 나무라지 않을 수 없다.
 이는 도리어 다음의 세 가지로 근본적으로 고쳐져야 한다.
 ① 부하를 죽이지 않음으로써 전쟁에서 지는 일 ② 남의 나라를 빼앗지 않기 위해서 전쟁을 포기하는 일, ③ 백성을 억압하지 않기 위해서 그 전쟁을 중간에서라도 그만두는 일
 다만, 이러한 일을 "병법兵法보다 더 높은 하나의 승법勝法"으로 보는 왕도王道가 참다운 〈전략〉으로 들어 올려 져야 하는 것이다.
 이것이 곧 《음천陰天의 육위삼략六韜三略》인 것이다.

 다만 〈음천〉 즉 '여성권력'만의 특수 전략이랄 수는 없고, 남성이든 여성이든 새 시대의 전 세계적, 전 인류, 전 중생계적인 참다운 묘방妙方이어야 할 것이다.
 그러나 그 묘방의 핵은 역시 〈여성성, 모성母性〉과 〈아기스러움〉으로 나올 수밖에 없다. 그것이 '역사'라는 이름의 쌓이고 쌓인 후과後果인 것이다. 참으로 동방東方, 서방西方만이 아니라, 제 3세계와 전 세계, 전 중생계를 망라하여 전 〈대방광불화엄세계大方廣佛華嚴世界〉〈대해인세계大海印世界〉가 다 같이 이제, "바로 지금부터" 이 길을, 이 묘방 즉 〈묘연〉의 길을 가야 하는 것이다. 그것이 여량이요 복승의 의미인 것이다.
 ② 임인방任寅房 도인책道人册 '사서록史叙錄'
 제2번삼정사인繁衫政事因 일一, 이二, 삼三.
 이것은 '정략적'인 것이라기보다 '정책적'으로 인식하고 활용하는 것이 훨씬 유리할 것이다. 〈략略〉아닌 〈책策〉이다.

왜 그러하냐면 〈략略〉이라는 주관적 기획으로서의 〈꾀〉지만 〈책策〉이란 객관적 공탑公塔으로서의 Factum이기 때문이다. 임인방 도인책은 그런 점에서 볼 때 주관의 영역이 아닌 객관의 엄연한 토론과 입론과 검토사안이요 실시되어야 하고 그 결과가 현실로 나타나야 할 또 하나의 〈자연사自然事〉인 셈이다.

예컨대 이와 같다.

"예가 이와 같이 꾀나 계략으로 일관될 때 드러나는 〈혼란〉은 역사나 이야기에서마저 받들 수 있는 내용이 되지 못한다. 그러므로 〈방房〉이나 〈책冊〉은 반드시 공공연한 시책을 목표로 정론正論으로서의 기강을 엄엄하게 지켜야 하는 것이다." 라는 말을 이미 공론화 한 것이 이후 사학자史學者들의 기록에 여러 번 나타난 바 있다.

그러므로 아무리 여왕; 여성지도자라 할지라도; 또 아무리 꾀죄죄한 흠방책(자질구레한 대응)이라 하더라도 그 안에 "숨겨진"(본인 자신도 잘 알지 못하는) 우주적 대응 방안(그렇다! 바로 이것이 "우주생명학"인 것이다!)을 짚어 올려야 하는 것이다.

누가?

누가 그것을 그리 할 것이냐?

바로 여기에 새 시대, 현빈(여성)과 현람(아이들), 그리고 민民(소외된 사람들)이 중요한 위치를 차지하는 시절에, 그들의 주장과 방책과 지혜안에서 (그들 나름의 독특한, 그리고 애매하지만 새롭고 독창적인) 〈묘안妙案〉을 우주적, 세계적, 전 사회적, 전 역사적 규모의 큰 대안으로까지 〈나툼〉 즉 '확산'시킬 수 있는, 그야말로 〈과학적〉

이면서도 〈신비로운〉 지혜의 학문이 나와야 하는 것이다.

그 구체적인 사례事例는 이것이다.

책의 정사고삼政事固三에서.

'내가 이제까지 말해왔던 사안들은 모두 거짓말이거나 허황된 상상 속의 이야기들이다.'

어찌할 터인가?

나에게 그 책임을 물어 나의 지위를 박탈할 터인가? (측천무후의 말)

여기에 대해 당시 영의정이었던 이천성기李川成期가 답한다.

'모든 것이 하늘의 빛과 그늘이 지닌 뜻이요 숨은 의미입니다. 그 것을 어찌 해석하느냐 하는 것이 이제부터의 각료들의 책임입니다. 전혀 사려하지 마옵소서. 그 답을 다음 기회에 올리겠나이다.'

이것이 무엇이냐?

이른바 〈지혜〉라는 것의 "참으로 정치적인 쓰임새"인 것이다. 바로 이 〈지혜〉가 필요한 것이 여성권력의 독특한 특징의 활용방향이고, 또 바로 그 점에서, 그 해석과정에서 엄청난 〈창조적 독특성〉이 출현한다.

바로 이것, 이《창조적 독특성》을 전문화하는 방향이 이제부터 요구된다.

(측천무후의 경우 그 가장 직접적인 적용이 〈유리창〉이라는 대행상술商術의 건설과 확장이었다. 유리창의 등장은 중국 경제의 아주 독특한 흐름과 기능을 가져왔고, 그에 인접한, 그리고 그로부터 비롯된 기이한 〈민중문화〉 즉 미학美學의 발의發義와 그로 인한 기이한 치료술, 즉 의술醫術의 번성을 가져오게 된다. 이것이 오늘 우리에게 의

미하는 것은 무엇인가?)

오늘 우리가 요구하는 경제, 〈창조경제〉 또는 Dream Society, 또는 Zero Society의 내용은 무엇인가?

이 여성권력의 〈창조적 독특성〉의 전문화, 즉 그 전문화를 위한 정권구조와 정치적 학문구조의 마련은 곧 한 시대의 그야말로 〈우주생명학〉의 실증 과학적 싹과 전개를 수놓게 된다.

우리는 바로 그 점에서 조선민족의 전통적 최고학문인 〈천부경天符經〉(천부경은 문자 그대로 〈우주(天)생명(符)학(經)〉인 것)인 것을 계승확장 시키는 것이고, 동시에 전 세계 문명 민족의 큰 과학전통의 우주성과 온갖 작은 민족들, 작은 지역들의 온갖 문명의 '우주성'과 '생명성'을 모두 다 이어받되, 동시에 극복하게 된다.

나는 이 모두 지구전지역일체地球全地域一切의 생명과 생명성이 다 우주적이고, 우주성을 띤, 그야말로 〈천부天符〉라고 믿는다.

비록 어느 곳, 또는 어떤 부분이 그 천부에 대한 반역이거나, 혹은 우주생명성 자체에 대한 반대의 신기루, 신생新生조류라 하더라도 (그런 것이 있을 것 같지도 않지만), 그래도 역시 그 또한 〈천부〉요. 〈우주생명〉이니 〈천부경〉이며 〈우주생명학〉인 것이다.

곧 〈화엄경〉이요 〈역易〉인 것이다.

다름없다. 〈복승複勝〉마저도 이제 천부이니 〈여량餘糧〉이 다른 것이겠는가!

아아!

〈궁궁ㄹㄹ〉은 물론 〈궁궁ㄹㅌ〉 또한 그러하니, 명冥은 물론 궁궁명과 십명十冥 역시 마찬가지다.

모두 우주의 생명현상 그 자체다. 어떻게 그리 확신할까?

나의 지난 70년, 80년 가까운 삶의 고통이 그것을 확신하는 시간이었다.

자랑이 아니다. 신음이다.

어느 한 순간, 기이한 산그늘에서, 넓고 넓은 바다 앞에서, 혼자, 그리고 참으로 쓰라린 외로움 속에서 깨닫는다.

〈아름다움〉!

그것은《미학美學》이고 "기연상서奇然祥瑞"였으니 그것은 곧 오늘과 내일의 역이요 화엄경은 천부요 복승이고 여량이니 다름 아닌 〈궁궁명弓弓冥〉 그것이었다.

무엇이 그렇다는 것이냐? 되풀이다

이것! 〈삶〉. 삶이 곧 그것이다.

나는 내일 전반에서 오늘, 단 한 가지 큰 결단을 내리는 바이다.

〈하늘〉은 주역周易(임의任義단계까지 포함)과 정역차원과 같은 그 "하늘"이 이미 아니라, (즉 〈아래〉인 땅이나 생명과 구분된 〈위〉인 것이 아니라) 새로운 얽힘 속의 〈우주 생명〉이라는 것.

이미 수성과 화성에, 달에 무수한, 무량한 〈물〉이 살아있고 혹성과 혹성사이의 수많은 〈수성 안개띠〉들, 즉 〈생명탄생의 징후들〉인《화이트 홀》로 가득하고 태양계 자체도 "다수"라는 이 Factum(사실事實)을 그야말로 현실로 인식하는 기본 판단 위에서 모든 〈우주생명〉에 대한 근원적이고 현실적인 결단을 내리는 바이다.

③ 이인梨因

— 모든 비현실적인 왕사王事에 관한 일체 추측을 국정國政피해로부터 대비하는 원리로서의 점占. (이는 차차차차 상세히 개진될 것이다.)

④ 묘소추지상妙素推知牀

일종의 관상학으로서의 권력집정성취의 "묘妙"의 〈소素〉를 관상 보듯 해부·추리한다.

상기 두 건은 모두 당唐나라 때 남부 몇 도시들("연안" 등)에서 유행했던 민간 류의 지식들.

⑤ 이미티아 세록(imitia-sserocc) 1.2.3

— 러시아 17세기-18세기경의 일종의 귀족풍 점술책들

⑥ 미미하드룰(Mimihadlul)

— 폴란드 고대古代(3세기-7세기경) 예박서禮搏書(당시 지배계급을 교양하는 일종의 교과서). 이후 사라졌다 최근 발굴됨.

⑦ 사무드리나(samudrina)-아메리카 인디언의 "그림·시詩·도표 따위로 얽혀진 그들 나름의 우주 교양해설" 최근, '마야'와 기타문명 지역에서 그 흔적이 채취되고 비교 검토되고 있다.

이상 다섯 가지 전기들에게 열거되고 있는 지배권력으로서의 〈여성성, 모성성(母性性 matriarchy가 강하다)〉의 이러저러한 행태와 지표, 기능성, 위험 등에 대한 예시와 지적들은 대체적으로 비슷비슷(맨 앞의 예들과)하다.

단, 두 번째의 〈임인방任寅房〉 경우의 〈방房〉이나 〈책册〉 사례만은 독특한 별도의 검토를 요한다. 이점을 현대 여권女權의 확산 강화 과

정에서도 예의 검증 강화되어야 할 것이다.

그리고 7세기경 전부의 〈전면 비판〉은 반드시 필요한 사안임을 잊지 말아야 한다.

15.

이제 이전의 기록 모두와 함께 다음과 같은 '주제'에 관해서 이렇다, 저렇다 할 간간한 도움의 별첨을 섞어 넣기로 한다. 도리어 이것이 본문 줄기보다 더욱 도움이 되는 경우도 있는 것이 바로 개벽기 〈우주생명학〉의 독특성이기도 하다.

① '누룽지'라는 이름의 여성 '빗늙은이' 종種에 관한 사회적 처리 문제

② '새앙쥐'라는 이름의 여성 '샛고양이' 종種에 관한 대응 방안에 관하여

③ '도쥬이로'(일본日本의 '도둑년근성' 여인들·많다!)가 〈대반大反극우요동〉 과정 (지난 1000년의 사무라이들의 남신男神에 의한 여신女神찬탈패악을 근원에서 극복하는 대성大成)에서 '어떻게 〈오니·스스끼〉(여신슬女神總)에게 도움을 줄 수 있을 것인가?'에 대한 여러 가지 의견들.

이상의 3가지 이야기들을 바퀴로 해서 우주생명학 서두의 장식을 마무리하기로 한다.

〈서다림逝多林〉으로부터

장전莊殿에서

"서다림逝多林"은 본디 석가모니 붓다가 거의 마지막에 해당하는 〈생불신묘生佛神妙〉 곧 〈살아있는 부처의 신령한 지혜로움〉이라 불러야 옳을 여러 가지 가르침을 제자들에게 나눠줬던 북동부 인도의 '네피라리야'산 밑 한 아름다운 숲을 말한다.

"서다림"은 그 뒤 세존世尊의 그때의 그 자상하고 다양한 여러 심오한 가르침을 그 직계제자들이 실천에 옮기지 못하고 거의 오로지 '한몸의 해탈'에만 급급한 채 "중생衆生과 우주자연과 생명과 온 사회생활의 이러저러한 문제"들을 놔버리고 잊어버린 《바로 그것》 때문에 그 뒤 7세기에 걸친 《대화엄경大華嚴經 양결집兩結集》 당시 경經의 핵심이라 할 〈입법계품入法界品〉의 가장 좋은 부분으로 재등장한 것이다.

그래서 이 〈서다림〉을 오늘 《서다림고독원逝多林孤獨園의 자책自責》 이라고 부르는 것이다. ('서다림자책逝多林自責') 따라서 오늘, 그야말로 우주의 〈선후천융합대개벽先後天融合大開闢〉에 있어 그 혼돈의 극복은 〈대화엄개벽大華嚴開闢〉으로써밖엔 안 되고 그렇다면 바로 이 〈자책부분의 입법계품〉을 중심으로 해서 화엄공부와 그 실천으로 세계와 우주문제를 풀 수 밖에 없는 것이다.

　① 김탄허본金呑虛本『신화엄경합론新華嚴經合論』권제구십사卷第九十四 입법계품入法界品 제삼십구지칠 第三十九之七 p.127

　'명불과고明佛果故니 여시수위우법如是隨位雨法은 여경자구如經自具라 십오十五는 우해동비구又海幢比丘 종신일체모공從身一切毛孔하야 일일개출아승지불찰미진수광명망자一一皆出阿僧祇佛利微塵數光明網者는 표전신表全身이 총시법계總是法界일세 반야바라밀묘혜삼공무애해탈교중생지광般若波羅蜜妙慧三空無礙解脫敎衆生之光이 중중무진고重重無盡故라'

　(……불과佛果를 밝힌 연고니 이같이 위位를 떠나라 법法을 우雨함을 경經과 같이 스스로 갖춘지라. 십오十五는 또 해동비구海幢比丘가 신身의 일체모공一切毛孔으로 좇아서 일일一一이 다 아승지불찰미진수충명총阿僧祇佛利微塵數忠明總을 낸 것은 전신全身이 다 이 법계法界일새 반야바라밀묘혜삼공般若波羅蜜妙慧三空의 무승당해탈無勝幢解脫로 중생衆生을 교화敎化하는 광光이 중중무진重重無盡함을 표表한 연고라.)

　이것은 지금과 같으면 저 높고 높은 웅지雄志의 탑塔과 같은 대종서大宗舒와 같은 위치의 큰 지혜의 승려(……해동비구海幢比丘)로 비유된 '광명총光明總'이나 '중생교의衆生教衣'의 광광과 같은 〈반야般若의 삼용三줌〉이 끝이 없이 《십오十五》, 즉 이 맥락에서는 "초여름에 푸른 풀잎을 무성히 내밀어서 그 이파리에 생명성의 감동으로 일체 중생의 크고 깊은 항속적인 생명의 중요성"을 깨닫게 하는 요인《15》를 가르치고 있다.

그러나 바로 그 때문에 직계제자들이 도리어 《소홀히 하고》(일개 '나무'라는 것 때문에!) 흘려버렸다는 바로 그 점을 크게 〈자책自責〉하고 있다.

이 부분은 그 뒤, 그리고 오늘날과 후대에까지 커다란 공허함을 만들어놓았다.

부처의 가르침에는 어째서 〈그와 같은 반야의 용과 같은 중생교대의 빛, 즉 "나무"의 근원적 생명성 깨달음에 의한 큰 지혜가 없는 것이냐?〉 하는 것이다.

"나무"는, 나무의 생명성을 본디 그런 지혜를 갖지 못한 것이냐?

아니지 않느냐!

세존世尊은 애당초 서다림에서 그 나무의 생명성이 가진 싱싱한 지혜와 그 지혜에 의한 인간의 깨달음을 분명 제자들에게 가르치지 않았던가!

그런데 왜 그 뒤로, 그리고 오늘, 그리고 앞으로 그것이 없는가?

어찌할 것 인가?

나는 이 지점에서 이상에 말한 바로 그것이 불교佛敎라는 종교宗敎가 가진 본디부터의 헛점(모자란 점)이라고 얘기해서는 안된다는 것을 강조하고 싶다. 오히려, 근대서양近代西洋에서 의기양양 주장하는 〈과학科學〉의 '무불통지無不通知'나, 오히려 중세中世 이후 동양東洋에서도 머리를 들었던 〈기철학氣哲學〉 등의 '사실성事實性'이 애당초 〈영지靈知와 지혜중심의 불교적 깨달음〉 바로 그자체 안에 처음부터 이미 함께 있었다는 것, 그것도 강조되어 있었다는 것(반야般若, 바라밀波羅蜜, 묘혜妙慧, 삼용三谷 차원), 이것을 〈나무〉같은 물질차원 안에서까지 강조하고 있었다는 것이다.

즉 그야말로 《우주생명학》그 자체이었다는 것, 바로 그것이다.

이에 앞서 어째서 '나무'니 '풀'과 같은 물질 안에 생명성의 지혜 이야기가 나올 수 있었는가?

이미 불경佛經에 (비록 후대의 화엄경華嚴經은 결집結集에 의한 것이라고는 하나) 애초 그것들(서다림고독원逝多林孤獨園과 같은 끄트머리들)이 다 있었던 것, 기록으로 남았던 것이냐?

인간의 지혜, 인류 영성의 지혜로움(부처의 타고난 가능성)은 그것까지도 다 기록하고, 그것의 〈지금, 이 순간의 큰 반성과 새로운 깨달음의 기회〉를 내다보고 있었던 것이다.

이것!

이 내다보는 힘!

이것이 오늘 그야말로 현실이 되어야 한다.

이것이 곧 《대개벽》인 것이고 《대화엄》인 것이고 미륵이고 해인인 것이다.

나는 이 대목에서 극도의 〈객관적〉태도보다도 〈나〉라던가 〈내적인 사정〉 등등을 말하면서까지 우주생명학을 풀어나가는 태도가 오히려 참으로 우주생명학적인 참 아는 태도라고 믿는다.
  이제까지 18세기, 19세기, 20세기까지 〈과학〉이라는 말밑에 횡행했던 쪼그라진 요망인 〈유물론〉은 거덜 났다. 집어 치워야 할 것이다. 이제 새 길로 가자!

  ② 김탄허본金呑虛本『신화엄경합론新華嚴經合論』권제구십이卷第九十二 입법계품入法界品 제삼십구지오第三十九之五 p.246
'보안경普眼經은 의명백관생사해意明白觀生死海하야 편위자기여래청정지해便爲自己如來淸淨智海니 자불출흥自佛出興에 근본지차별지根本智差別智 구경불리차생사해중원만고究竟不離此生死海中圓滿故라'

  (넓은 시야로 세상을 보는 이론의 세계는 스스로 자신의 입지를 세상에 주장하기 위한 명목이 더 큰 경우가 많으므로 내가 더 이상 그것을 똑같이 주장해 말하지 않는 바이다. 이와 같은 일이 주변에 너무나 많으니 먼저 이것부터 처리해야 하리라. 그것은 먼저 이것이다. "근본에서 틀린 것은 지금도 역시 틀렸다."- 바로 이 지점에서 논박을 일으켜야 한다.)

  — 나에게 누가 이렇게 말한다고 하자.
'당신은 왜 나에게 이런 것을 자꾸 힘주어 말하는 것입니까?'라고.
나는 여기에 대해서 꼭 두 가지 대답을 할 수 있다.
'당신이 너무 자기 생각만으로 세상을 이해하기 때문이다.'
또 하나는

'내가 너무 세상에 대해서 범연하게 생각해서 잘되리라고 이해해 온 잘못이 크기 때문이다.'

왜? 왜 이렇게 그리 문제가 되는 것일까?

바로 이것이 위에서 말한 이른바 "근본에서 틀린 것은 지금도 역시 틀렸다."의 구체적 사례인 것이다.

바로 이것이다!

본문에서 "사위자기여래使爲自己如來 법정지해法淨智海니 자불출흥自佛出興에 근본지차별지根本智差別智" 이것에 대한 상세한 해석이나 이해란 그리 쉬운 것이 아니다. 그러나 시도해보자.

첫째, 인간의 지혜란 그가 살고있는 당대 세상에 통용되는 '세속적 지식'에 연결 되어있다.

그렇기 때문에 '모든 지혜는 하나의 지식이게 된다.' 그렇지 않다면 지혜의 앞말에서 "지知"가 없어져야 할 것이다. 있는 한은 그러하다. 그러므로 항속적이고 불변적인 '지혜'가 잠정적이고 한시적인 '지식'이어야하면서도 동시에 그것이어서는 안되는 것이다.

③ 김탄허본金呑虛本『신화엄경합론新華嚴經合論』권제구십이卷第九十二 입법계품入法界品 제삼십구지팔第三十九之八 p.240

'기왕其王은 시자행녀是慈行女의 부父니 표지자재表智自在 위왕爲王이며 대비행편大悲行偏이 위녀爲女라'

(그 임금은 자행녀慈行女의 아비라, 지자재智自在가 왕이 되며 대비행편大悲行偏이 여女가 됨을 표表한 것이다.)

간략하다. 이미 자행동녀의 무승당해탈無勝幢解脫의 태생적 근거가 제 아비의 자비로운 성품 때문인데, 이같은 사회적, 태생적, 가족적 조건이 가진 〈해탈에 있어서의 치명적 중요성〉을 뒷날 강조하여 모든 사람의 자식교육, 특히 〈사내보다 계집애 교육敎育의 중요성〉을 강조해서 가르치질 않고 그저 〈그렇고 그런 일〉로 도외시해버린 사례는 참으로 옳지 못한 것이었다.

바로 이 점이 강하게 오늘날 지적되고 비판되어야 한다.

오늘, 아동, 특히 〈여성과 아동〉(현빈玄牝과 현람玄覽)은 대개벽의 가장 중요한 〈육례六禮〉이기 때문에 더욱 그렇고, 김봉한(북한 경락학자)에 의하면 19세기 말부터 〈회음뇌會陰腦〉가 바로 이들 속에 생성된다고 주장(천여년전 초당初唐의 명의名醫였던 손사막孫思邈이 천응혈天應穴, 아시혈我是穴로 진단한 바 있었던 것)하는 바 있기 때문에 더욱 그렇다. 이 〈회음뇌〉는 곧 세존도 접근 못했던 《16식識》이기 때문이다.

④ 김탄허본金呑虛本 『신화엄경합론新華嚴經合論』 권제구십이卷第九十二 입법계품入法界品 제삼십구지팔第三十九之八 p.240

'명차종지생비明此從智生悲하야 처생사염處生死染호대 이여불염등而與不染等이니 명습기진고明習氣盡故라 전제칠주중휴사우바이前第七住中休捨優婆夷는 명고존애습明故存愛習하야 용성비문用成悲門이니 이미단도중생지애습고以未斷度衆生之愛習故로 호우바이號優婆夷니 이차성대자비지행만以此成大慈悲之行滿이요 팔주중무공지지방성八住中無功之知方成은 즉명이종비생지卽明以從悲生智요 차위此位는 이종지생비고以從智生

悲故로 즉사자당왕녀即師子幢王女 시동녀야是童女也니 표차위表此位의
임운리생任運利生에 무염습야無染習也니라'

(이 지로 좇아 비를 생하여 생사염에 처하되 불염으로 더불어 같음
을 밝힘이니 습기가 진함을 밝힌 연고라. 전의 제칠주중에 휴사우파
이는 짐짓 애습을 두어서 곧 비문을 성함을 밝힘이니 즉 중생을 제도
하는 애습을 단치 못한 고로 우파이라 호함이니 이로써 대자비의 행
만을 성함이요, 팔 주 중에 무공의 지가 방성함은 곧 비로 좇아 지를
생함을 밝힘이요, 차위는 곧 지로 좇아 비를 생한 고로 곧 사자당왕
녀가 이 동녀차위의 뜻 좇아 중생을 이롭게 함에 염습이 없음을 표함
이니라.)

―이 대목의 중요성은 아무리 강조해도 모자란다. 왜냐? 물론 화
엄경에도 뚜렷한 중심이 있지 않다. 그 '중심 없음'이 또한 화엄사상
의 특징이다.

그러나 없음에도 불구하고 은연히 강조되고 있는 이른바 〈부처성
취의 무불통지無不通知의 대집약지점, 집약에〉는 분명히 있다. 또 있
어야만 하는 것 아니겠는가!

바로 그 지점, 그 사례가 제자들에 의해 후세 천도과정에서 소홀히
된 것은 백번 비판받아도 마땅하다. 지금의 한국과 기타 불교국가,
그리고 서양 및 기타 지역에서의 왕성한 불교포교와 불교에 토대한
사회운동 따위에서 제외되고 있음을 백번 아닌 천번 만번 혹독한 비
판을 받아야 마땅하고, 당연히 〈대개벽〉을 통해 살아나 강조되고 또
강조되어야 한다.

무엇이냐?

바로 〈자행동녀慈行童女가 곧 휴사우바이休捨優婆夷라는 사실〉이다. 그럼으로 여기에서의 핵은《사자당師子幢》의 그 정체正體인 것이다.

내가 이제껏 이야기한 대방광불화엄경大方廣佛華嚴經의 세상과 온 우주생명학 쇄신 능력에 관한 집중적 그 실현과 실천의 핵은 바로 자행동녀였고, 그녀의 〈무승당해탈〉의 비밀은 곧 '사자당분신'이라는 《삶》에 있었다.

그렇다면 그 '사자당분신'은 그저 장소의 공간적 이름일 뿐인가? 아니면 "실천적 삶의 행위"였던 것인가?

후자後者다

〈삶〉이다.

그래서 분명 그 〈삶〉의 행위에서 일치했던 〈휴사우바이〉와 사람이 다른데도 불구하고, 〈한 사람〉으로 표기되는 것이다.

〈같은 삶을 살아서 해탈解脫을 이루었다〉는 것이다. 무엇을? 바로 〈사자당분신〉이라는 삶이다.

이제 〈사자당분신〉에 대해 알아보도록 하자.

첫째, 그것은 '장소'다.
둘째, 그것은 '행위'다.
셋째, 그것은 '운명'이다.

이 세 가지가 곧 둘이 하나로 일치하는 조건이니 바로 〈장場, 행行, 명命〉이다.

나는 이에 하나의 큰 실질적인 사례事例를 제시했다. 그것은 한반도의 중조선, 강원도, 경기도, 충청북도가 만나면, 섬강과 한강과 단강이 만나 합수合水하는 곳, 〈흥원창興原倉〉·월봉月峰 인근 사방四方 백여 리가 곧 "오늘에 살아있는 사자당분신師子幢奮迅"의 터임을 밝히고 또 해명·해설하는 일이다.

이것은 참으로 중요한, 그리고 무서운, 무서운 오늘의 대신비大神秘인 것이다.

왜?

우선 '장소'로서 중요한 '두 장소 사이의 한 〈모순의 협곡〉'이 자리하고 있음이다.

그것이 〈십명처十冥處로서의 좀재〉와 용화사龍華寺가 있는 〈미륵산彌勒山〉사이의, 또한 선종禪宗의 거돈사居頓寺와 중장터까지 있는 법상종法相宗의 법천사法天寺사이에 협곡 〈풍점고개〉가 있다는 것이다. 양절의 수도승 13명이 이 고개에서 죽는다. 왜?

그 위에,

〈행위〉이다.

〈행위〉 중에도 가장 치열한 행위는 〈정치적 갈등〉, 즉 〈전쟁〉이다.

〈문막〉에서의 치열한 왕건과 궁예 사이의 대표적인 27회에 걸친 전 30만 대군이 투입된 대혈전이다. 궁예는 완패하여 궁촌리弓村里로 도피해 만종으로 가는 명봉산鳴鳳山 언덕에서 한 원주호족 청년에게 살해당한다.

또 바로 그 문막 벌판 밑에 있는 〈손곡〉에는 그 즈음에 상주尙州 출신의 〈견훤〉이 15만 정병을 매복시킨 채 〈좀재〉와 〈손곡〉을 지배하고자 〈문막〉을 호시탐탐 노리며 3년을 점거하고 있었다. 그 전후한 시기에 수십 고구려 장수들이 이 지역에 출병하고 유명한 〈온달〉까지도 나타난다. 또 인근에서 죽어 묻힌다. 그리고 신라 마지막 왕 〈경순왕敬順王〉까지도 송도로 끌려가던 길에 〈미륵산〉이 좋다고 그곳에 눌러 산다. 지금의 〈귀래(貴來)〉다.

이뿐일까? 또 있다.

법천사法天寺 앞마당과 작은 산 하나까지 포함한 넓은 '중장터(승시僧市)'가 부론의 강변까지 포함하고 있었다.

이 '장터'의 크기와 복잡성, 획기성 등은 아주 유명하다. 이 '장'은 거기서 5~6리里 정도 거리에 있는 〈목계牧溪장터〉와 바로 곁에 있는 '창말(선창마을―영서지방 최고·최대의 선창)'과 그 강변 흥원창興原槍 그리고 삼강합수처三江合水處(섬강·단강·한강―강원도·충청도·경기도 합도점合道朶)인 〈월봉月峰〉, 그리고 거기서 10리쯤 거리에 있는 저 유명한 경제학자(이조 선조 때) 한백겸韓百謙의 마을 〈노림〉에 둘러 쌓여있다. 또 강물 건너 충청과 경기의 유명한 예부터의 요란한 장터들(양평楊坪, 두물머리 등등)이 둘러 쌓여 있다. 여기서 가장 중요한 곳은 〈월봉〉이다. 〈월봉〉은 다섯 봉우리로 이루어진 암석인데 그 두 번째 큰 봉우리 위에는 〈샘물〉이 있다.

이것은 동양에서는 유명한 문제다.

〈산상지유수山上之有水〉

〈수운 최제우水雲 崔濟愚〉의 시구詩句인데 이것은 〈유목(山)과 농경(水)의 역사적 결합〉을 상징할 말이다. 이 말에 대해 한 번 생각해보자!

그야말로 〈운명〉이다. 그러나 이 〈운명〉이 오직 '정해진 기왕의 기정사실'이기만 할까? 아니다. 그것은 새롭고 새로운, 끊임없는 "창조적 탄생과 신기원의 돌출"의 근원인 이른바 〈명冥〉을 말하고 있다.

그 〈명冥〉의 대규모 집중인 〈좀재의 십명지十冥地〉가 가장 중차대한 "사자당분신師子幢奮迅"의 핵인 것이다. 더 중요한 것은 '소태'의 〈솟대흔적〉이며 그 직전 단강檀江가의 〈복여울(복탄)〉과 그 강 건너의 〈맞으라 산山〉이다. 그리고 〈오량〉! 아아!

이곳은 그야말로, 그야말로 〈생약生藥의 근생지지根生池地〉 "이른해임처"(전해동처前解冬處, 겨울이 일찍 풀리는 자리)다. 그곳에 이제 참말 〈화엄〉 즉 《해인장海印場》이 온다.

내게 〈분신奮迅〉이 무슨 행위이며 상징이냐고 묻는다면 이렇게 대답할 것이다.

"산천도 때로 몸부림을 친다. 〈분신〉이다. 왜? 어떤 거룩한 상서祥瑞를 배출하려는 몸부림이다. 이때 그곳을 〈사자당〉이라 부르게 된다. 이래서 이 근역을 〈사자당분신〉이라 칭했다는 것이다. 불교적으로 말하면 곧 《미륵부처의 생지生地》인 것이다."

나는 그곳에서도 특히 정산과 손곡(손곡 못) 사이의 점봉산 뒷편의 협곡 〈풍점고개〉를 마음을 들어 《기이한 돌명지突冥地》로 부르는 바이다.

돌명지! 불쑥 솟아오른 구멍땅!

이것이 무엇이냐? 이런 것이 풍수에는 있기나 한 것이냐?

있어도 없다. 왜?

선종禪宗과 (법상종法相宗의 최고윤리인 우주적 일一) 유식학唯識學(극도 치밀한 융합경제로서의 화엄시장市場) 원리까지 모두 포괄하는 〈극우주생명학〉을 화엄선禪 즉 법신선法身禪까지 다 아우르는 학문 중의 학문, "과학 중의 초과학超科學·대과학大科學"의 갈등(풍점고개에서 거돈사居頓寺와 법천사法天寺 중 13명이 갈등과 고민으로 죽었다)을 마치 '좀재 십명지+冥地' 같은 다양한 고뇌를 마치 '미륵산 용화사龍華寺'같은 커다란 대융합으로 〈통일〉하는 〈기미氣微〉를 드러내는 〈미륵의 생지〉이기 때문이다.

아! 이것이 바로 〈사자당분신〉이다.

그런데 이 〈사자당분신〉은 자행동녀慈行童女의 아버지인 〈지자재智自在〉 즉 〈자유로운 지혜〉요 〈휴사우바이〉의 아비인 〈중생을 제도하는 자비慈悲〉이니 즉 〈중생춤과 여래춤이 하나인 춤〉으로서의 〈무승당해탈〉 또는 〈향아설위向我設位〉 또는 〈축적순환의 장기지속으로서의 conjonture〉로의 〈모심〉이다.

나는 그것을 바로 〈풍점고개〉에서 발견한다. 〈풍점고개〉는 '십명지로서의 좀재'와 '용화회상龍華會上으로서의 미륵산' 사이에 있는 꼭 중간지점(등거리)의 전 우주생명학, 화엄개벽 모심의 가장중심적인 그 돌명지突冥地로서의 '미륵생지生地'인 것이다.

물론 그 중심성은 〈월인천강月印千江〉이나 〈일미진중함시방一微塵中含十方〉의 큰 원리 안에서의 중심인 것은 분명했으니 바로 다름 아닌 〈여량餘糧〉의 복승처複勝處일 뿐이겠다. 오해 없어야 한다.

이에 다름 아닌 숨은 복된 땅으로서의 그야말로 승지勝地가 여기저기 조금씩 숨어있으니 그것이 바로 '문막文幕 궁촌리弓村里'의 장엄한 비밀이요 슬픔인 것이다.

고조선 당시부터라고 한다. 〈궁궁弓弓비밀〉을 간직한 사람들이 안착한 땅이라 하여 〈궁촌弓村〉이라 불리었고, 이후 문막 벌판에서 왕건과의 27회의 '대혈전大血戰'에서 패망한 궁예弓裔가 만종 쪽의 명봉산鳴鳳山으로 피하기 위해 지나갔다 하여 〈궁촌弓村〉이 된 마을, (지금은 창고들만 있을 뿐, 마을이 없다.)

임진왜란 때는 이여송李如松이 원주, 충주, 제천, 여주, 이천 등의 궁궁노인弓弓老人 273명을 속아 잡아다 평안도 묘향산妙香山 진몰지珍沒地에 파묻을 때 (그들 비결 '궁궁弓弓'이 중원中原에 상륙하면 중국은 물론 온 세계를 집어먹는다는 전설 때문) 바로 그들 '23명'을 찾아내 잡아간 자리가 바로 '궁촌리弓村里'이다.

이 땅이 만약 대화엄개벽을 탄다면 그 미륵의 한 비결인 〈궁궁弓弓〉 인연 때문에 복된 땅이 되리란 말인 것이다.

그뿐이 아니라 많다. 어디인가?

문막이라는 기이한 '황골'(큰산 봉우리들에 쌓여 산이 없는 넓은 평야와 골짜기 –한골–)이 문제다.

중국의 손자孫子 이전의 병법兵法의 큰 전설인 '요설위療舌尉'에 따르면,

"새로운 세계적世界的 대제국大帝國을 세우려면 먼저 결코 전시대의 왕업王業의 흔적인 옛 도읍과 옛 모사謀士들을 피하라. 전혀 새 땅 중의 기이한 '소지素地'(좋은 땅)를 당초부터의 〈빈 땅〉으로 확보하는 영역투쟁이 필수 과업이다. 그리해서 그곳에 새 제국帝國의 새 경륜을 세울 새 모사들을 집결하는 일부터 선착先着해야한다. 이것이 가장 큰 전략이다."

왕건과 궁예가 27회의 대혈전을 치르고, 견훤이 손곡과 좀재에 숨

어서 15만 정병을 매복시키고 문막의 좋은 기회를 노린 것은 모두 이 '요설위'의 병법 때문이다.

문막의 지명地名은 〈물막〉(물을 막다)에서 왔다고 한다. 흥원창興原倉 월봉月峰의 삼강합수처三江合水處(한강, 섬강, 단강)의 자리도 문막 쪽의 〈물막이〉로부터 비롯되었다는 전설이다.

바로 여기서 〈궁궁ㄹㄹ〉또는 〈궁궁명ㄹㄹ冥〉에 토대를 둔 〈물굽이 겹침〉의 지형적地形的 병학兵學이 발생하였다는 것이다. 그것은 곧 이후 나타날 여러 전략적 중요 도서들의 주변 강과 산들의 "물굽이 겹침"의 지형적 병법兵法사유의 판단에 이어진다.

별로 기억하는 자도 없지만 사실상 〈요설위〉는 이후에도 내내 이어지는 전략적 요충원리로 작용했다. 그것은 훗날 고려 건국과정에서 왕건이 이천利川과 여주驪州에 대한 남한강의 전략 검토 과정에서 주역周易의 〈이염대천利染大川〉과 함께 〈이포보〉의 〈궁수ㄹ水〉를 평가함에도, 또한 이천의 경우 북한강과 남한강 사이의 〈북평〉의 〈복잡한 물굽이〉를 중대성을 띤 지역으로 평가하게 만든 사원이라 한다.

또 그 직후 경순왕敬順王이 송도로 끌려가다가 미륵산의 산세山勢에 반해서, "나는 저 산山이 좋다. 저 아래서 살겠다."라고 고집을 부릴 때 단강檀江의 지금 '소태와 복탄 사이의 샛강('부귀로' 입구 귀래貴來 가는 길)의 꼬불꼬불한 (일명 "쪼그랑")물과 길의 산에로의 연속성이 〈전략적 중요성〉으로 "인식"되었다는 설이 있을 정도다. 왜냐하면 그 뒤 그 딸 덕주德周공주와 그 아들 마의麻衣태자가 독립하여 월악산月嶽山 밑으로 가 지금의 덕주사를 차리고(마의麻衣는 금강산으로 다시 분리하여) 새 세상이 오기를. 결과는 월악산月岳山 영산봉靈山

峯의 달이 그 밑 강물(이후 충국호 댐 공사로 인해 발생한 강물)에 비치면 그로부터 30년 후 여성 지도력이 나타나 그 뒤 3년 후 (2015년이다) "민족대운"(통일)이 온다는 대전략전설이 발생(마의麻衣는 군사적 필요까지도 궁리하였다)했다는 것으로 보아 그 사정이 그러하다. ("물"의 중요성!)

또 미륵산 용암과 미륵산 두부마을 입구의 〈주포〉와 〈세포〉등의 자그마한 실개천(그때는 넓은 강물이었다 한다)에 대한 전략(?)까지도 계산된 훗날의 전설을 보면 당시 〈궁궁천수弓弓川水〉의 전략 〈요설위〉는 질기게 집착되었음을 알 수 있다. 그러나 이 모든 것은 좀재의 〈십명지〉의 전설적 〈궁궁명 중요성〉에는 못 미친다.

그것은 불교적 풍수(?)에서는 무엇으로 평가되는 것일까?

불교적 풍수는 있다기보다, 불교적 광대이론(예컨대 화엄학이나 법화, 유식학 등)에 따르면 이와같은 〈풍수적 적용가능성이 있다〉라고 판정할 수 있다는 것이다.

그만큼 〈좀재〉의 《십명지》는 중요한 것이다.

왜?

첫째.

〈좀재〉의 본래 지명은 〈서작敍作(보리농사 땅)〉으로 그 앞 강물(檀江)에로의 언덕의 "깊은 기울기(명冥)"가 도움이 되었을 것이다.

그러나 풍수風水로 본다면 "음기陰氣가 극심하여 심지어 자궁子宮"(열개의 자궁—'십명지+冥地')이라고까지 부를 정도다. (최근 김학의의 성性접대 사건의 별장이 이곳에 있다.) 그러나 불교적 입장에서는 도리어 이곳이 하나의 〈무문관無門關〉이라 할 수 있고 하나의 큰 〈혈처六處(깨달음의 장소)〉일 수 있다. (중국 오대산에 간 자장慈藏에게 문수文殊가 한 말 '너희나라 동북쪽 산 많은 명계冥界'란 표현!)

둘째.

〈좀재〉는 손곡을 중요시한 견훤이 제 왕국의 창문이라고 부를 정도로 높이 평가한 곳이다. 그래서 일명 〈궁치弓治〉라고도 불렀다. 지금까지도 손곡으로 이어지는 정산리와 함께 좀재도 〈정산리〉로 불리워지고 있다.

셋째.

〈풍점고개〉를 중간지점으로 〈미륵산〉과 〈좀재〉가 하나의 중요한 불교의 새로운 《화엄불교적 수양과 실천의 벨트》로, 즉 〈사자당분신師子幢奮迅〉으로 불리는 까닭은 〈십명지〉의 저 지독한 음기의 〈무문관無門關〉과 〈미륵산〉 용암지역의 그 우뚝하고 상서祥瑞로운 〈하늘〉 사이에 〈풍점고개〉라는 기이한, 매우 기이한 《돌명지突冥地》가 자리잡고 있기 때문이다.

그 때문이기도 했으나 육조혜능계의 선종禪宗 〈거돈사居頓寺〉와 법상종法相宗의 유식학과 상시적常時的인 혼합호혜시장인 큰 〈중장터〉의 날카로운 대립이 그 사이의 〈점봉산〉을 경계로 하여 맞서고 있고 거돈사 앞의 일종의 선장禪場인 〈가라앉히는 물〉을 뜻하는 거론이 〈뚱땅뚱땅 시끄러운 물〉인 〈부론(富論)〉(법천사法天寺 앞)과 대치되고 있음 또한 다름 아닌 화엄학적 사자당이요 그 분신奮迅인 것이다. 거기에 삼강합수三江合水의 오봉五峰인 〈산상지유수山上之有水〉의 월봉月峰이 가까이 있고 앙성仰城의 오갑산五甲山(이 다섯 봉우리 역시 월봉의 산상지유수의 다섯 고대古代 경제학원리의 산악적 상징을 띠우고 있다)

그리고 부론과 강 건너 앙성 쪽 길의 이름이 모두 〈앙암로仰岩路〉(월봉을 우러러 존중한다는 뜻이다)인 점 또한 〈분신奮迅〉 이은 이 지역(장호원의 '맞으라 산'까지 포함해서) 그 모두가 〈사자당〉임이 타당하다 하겠다.

나아가 월촌月村과 '막흐름', 감곡과 이포, 문막과 목계, 백운, 구학, 신림, 호저, 횡성, 제천 의림지와 감악산 백련사, 치악산, 수안보까지 두루두루 화엄대방광大方廣의 〈궁궁명弓弓冥〉의 영역이 확대된다.

나는 여기에 거돈사居頓寺와 '거론'이 있는(풍점고개 직전의) 정산리에서 미륵산 용화사까지 가는 〈작은 산길〉의 중요성을 강조하고 싶다.

그것은 바로 그 앞 〈좀재의 십명지十冥地〉와는 무문관無門關에서 상서로운 산 〈미륵〉과 그 밑 '지차골의 용암' 〈용화사龍華寺〉까지의 〈참사자당분신의 무승당해탈無勝幢解脫〉의 "수련코스"이기 때문이다.

그곳은 어떤 곳일까?

아아! 이곳이 결국 풍점風占(일종의 풍수적 지리학·정치학적 운명)에 대비되는, 〈수행〉과 〈모심〉의 생생生生한 산과 땅의 얼굴일 것이요 진정한 《분신奮迅》의 모습일 것이기 때문이다. 그리고 이곳이 끝이다.

이젠 이곳을 새 시대의 생생한 〈우주생명학〉의 참다운 중심이요, 출발점으로 해서 온 세상과 중생의 〈해인삼매海印三昧〉의 길, 〈미륵의 길〉을 찾아가 보도록, 그 길에서 우선 〈서다림逝多林〉의 숨은 지혜의 참 비밀을 현대 우주와 세계 생명에서 풀어가 보도록 한다.

이 길은 거돈사지居頓寺址에서 풍점고개로 가다 오른쪽 비탈길로 들어서 '정산 저수지'를 거쳐 오르는 〈학고개〉의 두 '꼬불길'이다. 이 〈정산定山〉의 두 길은 가파르고 위태롭다. 바로 '수행길'을 뜻한다. 둘 다 산꼭대기 부근에서 끝난다. 아마 산 너머가 곧 〈미륵산〉일터인데 여기서 "끝"이다.

왜? 왜 끝인가?

하늘은 푸르다. 슬픈 마음이 다가올 만큼 기이하게 푸르고 여리다.

왜?

〈분신〉이란 이런 것인가?

강물가의 지독한 음지陰地 〈십명지+冥地〉에서 〈미륵산 용화사용 암〉의 대화엄까지의 중간 수행길의 〈분신奮迅〉은 이렇게 항상 〈미완성未完成〉이고 〈서글프고〉 또 〈외로운가〉? 온 우주가 통틀어 환호하는 저 대방광불大方廣佛의 사자당이 말이다!

왜?

나는 바로 그 높고 가파른 산, 〈정산〉 끝에서 그 꼬불꼬불한 위태한 수양길이 더 이상 가지 못하고 중지한 바로 그곳에서 다음과 같은 선어禪語를 뼈저리게 느끼며 그것이 곧 〈왜?〉에의 대답이라고 생각하게 되었다.

(벽암록 종칙宗則 제1—2까지에서)

"내가 저기에 왜 못 가는가는 바로 네가 지금 나에게 묻는 바로 그것 〈이 무엇인고?〉이다"

그것이 무엇일까?

바로 지금부터 제시되는 〈서다림자책逝多林自責〉의 그 〈빼먹은 부분〉이다.

"심청정心清淨하며 심청정고心清淨故로 신청정身清淨하며 신청정고身清淨故로 신경리身輕利하며 신청정경리고身清淨輕利故로 득대신통得大神通하야 무유퇴전無有退轉하며 득비신통고得比神通故로 불리문수사리족하不離文殊師利足下하고"

(……마음이 청정清淨하며 마음이 청정清淨한 고故로 몸이 청정清淨하며, 몸이 청정清淨한 고故로 대신통大神通을 얻어서 퇴전退轉이 없으며, 이 신통神通을 얻은 고故로 문수사리文殊師利의 족하足下를 여의지 않고…….)

(김탄허金呑虛『대화엄경합론大華嚴經合論』제17권 p.34. 65)

자 보자! "문수사리의 족하足下를 여의지 않고"라고 중차대한 한마디가 여기 있다.

이것은 그야말로 화엄경, 화엄개벽 실천에 있어서, 아주 아주 큼직한, 그리고 아주 아주 의미심장한 '한 발짝(足下)'이다. 그런데, 그 "떠나지 않고 (불리不離)"를 집어던지고 "떠났으니(리離)"

말이 되는가? 바로 이곳에서부터 (서다림逝多林의) "자책自責"이 시작된다. 세존직하世尊直下의 10여 명 제자들이 다 똑같다! 저 혼자만의 "내면적內面的, 영적인 자재력自在力"

(이것은 차차 따져나가자!)만을 얻기 위해, 이른바 "해탈"만을 목표로 (앞으로 이것을 날카롭게 검토해야 할 것이다.) 기타의 여러 가르침, 그 중에도 바로 그 중대한 "정신과 몸의 맑음(청정清淨)"과 또한 "정신과 몸의 자유자재함"의 〈대신도大神道〉를《빼먹은 것》이다. 그 "신도神道"가 무엇일까? 그리고 어떻게?

그러면서 어떻게 "제 개인적 자재력"을 〈얻을 수 있었다는 것인가?〉 바로 여기에서 시작하자!

무엇부터 문제인가?

"그렇게 해서 부처가 정말 이루어지는가(성불成佛—해탈)?"라는 문제다.

"부처"란, "해탈"이란 바로 그 《빼먹은 것》이 다 "포함된(전우주)" 큰 자재력自在力이요 참 청정淸淨을 말하는 것 아닌가?

아닌가?

아니라면 그것은 이미 〈부처〉도 〈해탈〉도 아니다. 그저 유사종교類似宗敎에 불과한 것이다.

아닌가?

더군다나 해인삼매海印三昧를 말하고 용화합상龍華合相을 말할 대방광불화엄경大方廣佛華嚴經에서 그것을 〈선후천융합대개벽先後天融合大開闢〉으로까지 이 세상에 〈선후천先後天〉시켜 〈미륵부처〉를 참으로 탄생시키려 한다면……?

도무지 말도 되지 않는 "불교현실화"의 〈꾀〉들이 속출하고 있는 지금 21세기 한국불교의 현실이다.

'마르크스주의의 불교도입' 따위 유물론唯物論을 답습하고자 하는 자칭 '혁신불교'가 여기저기서 대유행이다.

이것은 모두 "서다림고독원의 자책"으로부터 비롯되는 불교의 허점, 오류, 상속 불충실에서 나타나는 모자람에 그 원인을 두고 있다.

그렇지 않은가?

나는 이즈음에서 스스로 크게 크게 나 자신의 "모자람이라기보다 어설픔을" 뼈저리게 자각하고 있다.

그 "큰 어설픔" 중에 바로 마르크스주의 따위 〈유물론〉과 변증법 따위 반구조反構造와 실증주의 등의 바보스러운 18-19세기 유럽 과학만능풍조가 다 들어있다.

바로 이것들이 곧 그 근본에서 다름 아닌 〈서다림〉의 그 오류에서 비롯되었고, 그래서 그 길고 긴 700년 간의 아시아의 〈대법집大法集〉의 고통스러움이 있었던 것이다.

아! 그것이 이제 참으로 큰 뉘우침을 통해 바로 잡혀야 한다.

그 〈바로잡음〉이 다름 아닌 이론적으로는 〈우주생명학〉인 것이다. 그리고 실천적으로는 〈화엄개벽〉인 것이다.

차차차차 구체적으로 적시摘示해 나가자.

⑤ 김탄허본金呑虛本『신화엄경합론新華嚴經合論』제17권
입법계품入法界品 p.34. 26

'오五는 여응관차서다림이하汝應觀此逝多林已下로 지막불어차림중현至莫不於此林中見히 유이십육행송有二十六行頌은 명문수사리明文殊師利 설송說頌하야 중송전법분重頌前法分이니 여문구명如文具明이라 이상已上은 명불광소조제보살明佛光所照諸菩薩이 몽광조蒙光照하야 입빈신삼매보현경계방편문入嚬伸三昧普賢境界方便門이니 단시일체삼매但是一切三昧- 총시방편행문보현경계總是方便行門普賢境界며 총시문수법신근본지總是文殊法身根本智의 소성취고所成就故라'

(오五는 여응관차서다림이하汝應觀此逝多林已下로 막불어차림중현莫不於此林中見에 이르기까지 이십육행송二十六行頌이 있음을 문수사리文

殊師利가 송頌을 설說하여 전법前法을 송頌함을 밝힌 분分이니 문文과 같이 갖추 밝은지라.

 이상已上은 불광佛光의 조照한 바 제보살諸菩薩이 광조光照를 입어서 빈신삼매嚬伸三昧의 보현경계방편문普賢境界方便門에 입入함을 밝힘이니 다만 이 일체삼매一切三昧가 총總히 이 방편행문方便行門의 보현경계普賢境界며 총總히 이 문수법신근본지文殊法身根本智의 성취成就할 바인 연고라.

 이상 기술한 내용은 바로 문수文殊의 지혜와 보현普賢의 실천경계에 관련한 참으로 꿈도 크고 탁월한 우주생명학적 지식 이은 세계이되 "제 개인적 내면해탈만을 위해〈빼먹어버린, 자책自責(그 뒤 집결 과정에서)부분의 가장 첨예 한 부분들〉"이다.
 이 문제를 풀어가는 과정에서,
 〈자본주의와 공유公有경제가 공존하는 '하이브리드 시대'〉에 관한 제레미·리프킨의 "Zero 예언"이 오직 '밀레니엄 세대'(1980~1994년생)의〈사물인터넷〉에 의해 가능하다는, 어쩌면 꼭〈미친 사람 헛소리 같은 예언〉이 근본적으로 이해되지 않는 것은 분명 약 3000여 년 전 작동하였을〈신시호혜시장神市互惠市場〉과 그에 밑받침된 "여성, 아기들, 잃어버린 사람들"의《회음뇌會陰腦》기능을 부처의 가르침에 대한 해석, 적용으로부터《빼먹어 버린 탓》이다. 바로 그 탓이다.
 자! 이 문제부터 풀어나가자.
 또 있다. 그럼에도 불구하고 세존世尊 이후 약 200년경부터 중앙아시아 중심(중국도 포함)으로 7세기 동안 펼쳐진《서다림도 중심으로 포함된 화엄경 재결집 과정》을 계기로, 또는 그 이후에 중국 일부, 간다하라 등 중앙아시아 일부와 특히 우리나라, 〈고려高麗〉시대에 바로 그《빼먹은 것》들이 현실화現實化된 것을 다시 명백하게 기억해내야 한다.

우선 그 현상부터 간단히 소개한다.

많은 스님과 불자佛子들이 당연한 듯이 부처님의 가르침과 불교佛敎는 시장, 즉 경제나 장사와는 애당초부터 거리가 멀다고 아예 믿고 있는 것. 이것이 진리인가?

지금까지도 아예 그것을 진리의 한 모습이라고 믿고들 있다.

사실인가? 그렇다면 다음과 같은 사태는 무엇을 뜻하는가?

한국 승강기 안전관리원장 '공창석' 씨의 불교포럼 발언에서 "고려불교는 생산과 판매, 유통 등 모든 경제활동이 총망라된 경영시스템을 갖추고 고려의 경영주체로서 한 축을 담당했다. 그러나 조선 왕조가 들어서면서 불교에 대한 배척과 함께 중상주의重商主義에서 중농주의重農主義로 변화한 사회시스템에 능동적으로 대처하지 못하면서 결국 쇠락의 길을 걷게 됐다. 현재 우리나라는 세계 8위권의 무역대국이자 통상국가로 다시 중상주의 시대가 도래했다. 그러나 한국불교는 여전히 조선시대의 불교의 모습에서 벗어나지 못하고 있다. 한국불교의 발전을 위해서는 '농업 위에 선 불교'에서 '상업 위에 선 불교'로 변화해야 한다."

우리가 이제부터 천착해가야 할 새 시대 불교佛敎의《대화엄적 농상공 융합의 새호혜시장互惠市場 환귀본처》는 한마디로 우주의 대개벽이요 부처님의 큰 꿈이며 인류의 우주해방의 새 시대, 새 생명의 대약진을 말한다. 그것은 우선 바로 앞에 닥친 민족 대 통일을 이 작은 한반도에서 이루어야 한다. 먼저 남쪽에서 그 꿈이 싹트고 중조선에서 원만하게 이루어져 북쪽에서 활짝 꽃피어야 한다.

수운의 시 「남진원만북하회南辰圓滿北河回」다.

그것이 온 세상 문명대국文明大國(북北)과 함께 중간영역과 이른바 후진국 작은 나라들(남南) 및 섬, 산, 중생과 기타 생태계生態系 일체의 화엄, 〈세계가 세계 자신을 크게 자책自責하는 대해인삼매大海印三昧의 용화회상〉이 (한 시대의 가장 빈번한 상호 접촉상황인 시장에서부터 "호혜·교환·획기적 재분배"의 현대적現代的 신시호혜시장과 함께) 크게, 그러나 다양하게 ("무봉탑無縫塔"의 형국으로) 이루어짐이다.

물론 〈농상공 융합〉이 모든 생산형태의 종합은 아니다. 거기서 훨씬 더 나아가고 더 복잡화·다양화 되어야 한다. 그리고 그 사이 사이의 새 산업 양식들이 창조되어야 할 것이다.

다름 아닌 "산업과 경제 양식의 대화엄"이겠다.

이것은 상당히 오래전 커다란 사상적 파문을 일으킨 바 있는 독일사람 "임면제라이 버툰로데(Immenge-rai Buttunssode, 1809-1933)"의 책 〈다음과 같은 식으로〉에서 여러번 누누이 강조한 바, "앞으로 다가오는 현 시대의 세계경제와 사회생활은 분명 '다음과 같은 식으로' 확산될 것이 분명하다. 먼저 수공산업手工産業, 기계에 의한 생산업, 농업과 함께 일체의 수렵과 용접, 소비를 중심으로 한, 관상업觀常業, '러비리얼리Ru-bbiliali'(러빌리블리 회사의 당대 독특한 생산기술에 의한) 산업, '라룩씨(Larruxii)' 업業(당대에 잠깐 번성했다가 쇠퇴한 첨단기업), 그리고 광범위한 "호혜상업互惠商業"과 같은 식으로 〈만화방창스타일의 여러 종류의 산업과 경제양식이 화들짝 일어날 것〉이다."라는 주장은 21세기 들어서면서, 유럽과 아메리카, 일본, 그리고 중국 등에서 기타 여러나라의 소규모 제한된 분야와 정도에서지만 광범위하게 현실화되고 있다.

이것은 제레미 리프컨의 〈Zero 공유사회共有社會〉와 카알 폴라니의 〈호혜시장〉과 비교해가는 과정에서 다음과 같은 《화엄경 경제논의》 중 "서기 570년대 결집"에서 자주 논의되었던 〈서다림 사안 1270항〉

"물씨나무 밑에서의 새와 풀과 빗방울 사이의 교섭"은 앞으로 드러날 것이 분명한 〈IoT 사물인터넷 소통과 상업〉 가능성과 비교, 그리고 사상·종교·미학적 테마 등, 우주생명학 문제와 연결해 검토해나갈 준비과정을 설정한다.

이 모든 것이 '전 세계의 급변하는 과학기술적 첨단경제와 사회변혁' 속에 반영되기 시작한 그야말로 '우주생명학'과 그 우주생명학을 통해 드러나기 시작하는 이른바 〈서다림 테마〉들인 것이다. 세계와 우주의 〈화엄개벽〉은 만민의 동아시아에서, 동아시아의 대한민국, 한반도, 한반도의 남쪽과 중조선에서, 〈남쪽의 전 세계적 긴급요구에 부흥하는 방향성을 바로 '중조선'에서 집약적으로 우주생명학 개척〉을 통해 이루어진다.

자! 다음과 같은 〈서다림逝多林사안 1270항〉

"물씨나무 밑에서의 새와 풀과 빗방울 사이의 교섭"을 검토하자.

김탄허본金吞虛本 신화엄경新華嚴經 16권 입법계품入法界品에서 17권 하반의 27항경까지의 서다림부분까지의 "빛(광명光明)"과 "물"(윤활력)과 "창조적 활동력(새)"의 전제들은 당연히 이후 2500년의 불교 운동 일체에서 철저히 그 지혜와 〈기연상서奇緣祥瑞〉가 두드러졌어야 했다. 바로 이점이 구체적으로 적응, 성찰되어야 하겠다.

누구든 간에 이렇게 말하는 사람이 있을 수 있다.

'도대체 〈사자당분신〉이 무엇이건대 가령 '미륵'과 같은 그 큰 인물의 성격 형성 과정에서, 그처럼 중요한 역할을 한다는 말인가?'

그렇다. 그렇게 묻는 것은 당연하다. 그러나 바로 〈서다림〉의 내역을 처음부터 상세히 알게 된 뒤엔 그런 질문이 나올 수가 없다.

왜? 한마디만 미리 짧게 압축해서 해보자.

예컨대 오늘날의 새 주체라고 하는 〈여성과 아이들〉 (묘연妙衍의 실체)이 책보다 더 완전히 몰두하고 있는 저 〈스마트폰〉을 만드는 데 있어 미국의 첨단력 회사보다 훨씬 훨씬 더 첨단적이고 우주적, 과학적 지혜로 가득 찬 〈스마트폰〉을 삼성이 만들어 내고 있다. 미국이 탄복하는 이른바 《갤럭시 S6》이다.

그런데 그 갤럭시 제작 과정에서 가장 기이하고 (남에게 알려주지 않는 비밀로 감추고 있는) 현명한 과정이 바로 《물과 빛》의 작용이다.

아아! '물과 빛'이 영적이긴 하나 하나의 기계에 작동하기 시작했다.

이것이 간단한 일인가?

그런데 바로 그 〈물과 빛〉이 나타나기 시작한 것이 〈서다림〉이었다.

어찌할 것이냐?

바로 〈물씨나무 밑에서의 새와 풀과 빗방울 사이의 교섭〉등으로부터 시작되고 이른바 〈보광명普光明〉등의 '서다림逝多林조건' 등에서 이미 제기되었다.

'조건'이라고 했다. 입법계품入法界品 '서다림'시작부분에 강조 반복되어있는 바로 〈보광명〉이라는 것은 단순한 《조건이 아니라 우주생명학적 가르침의 요건要件》인 것이다.

그것이 이제껏 〈빼먹어 왔고〉 인류문명사는 대개 〈조건정도〉로만 취급해왔다. 다시 말한다.

《조건이 아니라 우주생명학의 요건》이다.

또 〈서다림 사안 1270항〉('서기 570년대 결집'에서 자주 논의되던 것)인 "물씨나무 밑에서의 새와 풀과 빗방울 사이의 교섭"은 바로 지금 현재 세계와 한국의 첨단 산업 경제에서 뻔질나게 운위되고 있는 〈IoT, 사물인터넷〉문제 및 그 핵심에서의 삼성제三星製 스마트폰 '갤럭시 S6'의 제작과정의 〈비밀〉인《물과 빛의 교합작용》에 직통하는 우주생명학 그 자체인 것이다.

그 우주생명학은 이제부터 시작되는 새로운 〈스마트 학문〉(옛날의 그 가르침을 위한 책冊이나 강의용 학문이 아닌, 스스로 깨닫고 그에 감동하는 "미학적 해탈美學的解脫공부")의 핵 중의 하나이고 〈물과 빛의 비밀〉을 깨닫기 시작한 바로 그곳에서 과학과 상업적 실용성의 길을 열고 있다.

김탄허본『신화엄경합론新華嚴經合論』제16권
입법계품入法界品 제삼십구지일第三十九之一 p.126

"보광상보살普光上菩薩과……지해상보살智海上菩薩과"

(소상疏上이란 것은 반야般若가 현전現前하여 가장 존상尊上인 연고다)에서 최고단계의 지혜(상반야上般若)로서의 "광광", 빛과 "해해", 물 사이의 관계(물론 다른 여러 500보살과 함께)가 보현普賢(실천)과 문수文殊(지혜)의 상수上首 밑에 〈부처와 함께 함〉이다.

〈물과 빛〉이 최고의 지혜로서 부처(世尊)와 서다림逝多林에 〈함께 함〉이란 도대체 무엇인가?

그것도 "실천의 보현普賢과 이론적 지혜의 문수文殊밑에서 함께 함"이란 오늘 우리에게 무엇을 제시하고 있는가?

그리고 여기에서 중요한 것은 바로 '빛과 물(바다)의 〈비보살匕菩薩〉이란 그 표현, 주체이다.

〈으뜸으로 실현하는 수행자〉 아닌가!

바로 그들이 '서다림'이라는 "부처님(세존世尊)이 계시는 자리" 곧 사자당에서 어떤 (바로 '물과 빛'이라는 행위, 작용, 실천) 자비형 ("분신奮迅)을 행하는 것, 바로 그것이 〈사자당분신師子幢奮迅〉이겠다.

그렇다면 오늘날, 이 선후천융합대개벽先後天融合大開闢이라 통칭하는 대혼돈기의 우주에서 차츰 〈물과 빛〉의 문화적 실용과학이 유행하는 것은 다름 아닌 곧 〈사자당분신〉 바로 그것이게 된다.

내게 산이 새롭게 다가오는 소식이 들린다. 옛 풍수나 철인哲人이나 도인道人, 그리고 사가史家들에게도 그러했다. "문득 다가왔다."

문제는 어떤 "새로움(우주원리·생명의 깊은 새 소식)"으로 다가오느냐 만이 중요하다.

아마도 "새 소식"인 듯하다. 차차 이것을 찾아보자. 단순한 옛 '물과 빛'의 되풀이는 아닐 것이다.

그 '새로움', '새 소식'은 도대체 무엇인가?

우선 여주, 이천, 문막 그리고 서울 근처에까지 들어서고 있는 Premium Outlet의 〈근사近似 호혜시장〉 풍경이다. 이것은 '현대적 신시神市'의 새 소식인 것이다. 틀리던 같던지 간에 〈접근과정〉이다.

그리고 참으로 기이한 산(영월의 완택산完澤山)과 동강東江의 굽이 수水(궁궁명류류冥)와 거의 호텔 수준의 〈리조트 야외 시장市場〉('동강 시스타 따위')의 '새로운 오일장五日場' 유행이다. 물론 이것은 내 생각이다.

그리고 가장 중요한 것은 여성과 젊은이들과 아기들, 그리고 못난 대중 다수의 "hungry가 아닌 Angry", 더 정확하게는 〈Crazy〉한 소란의 대개벽 현상이다. 이것은 위의 두 가지에 대한 밑으로부터의 〈복승複勝〉인 것이다. 분명하다.

이것이 무엇일까?

〈우주생명학〉에서 아마도 가장 중요한, 그리고 까다로운 현대적 삶의 드러난 날카로움이요 날카로운 특징이요 날카로운 현상이다.

이것을 '우주적으로', '생명학적으로' 명백히 해석하지 않으면 이제부터의 우리의 삶은 어렵다.("어렵다"고 했다!) 어떻게 해석할 것이냐? 그리고 또 이것을 어찌 볼 것이냐?

핵核폭탄으로 어린애 불장난을 설치고 있는 북한에서 경제는 도리어 여성들의 〈장마당〉으로 유지되고 있다. 이것은 무엇인가?

거기서 평양의 특권층은 독일인의 자본주의 강의에 열심이다. 이것은 무엇인가? 거기에 〈복승〉이 일어난다.

옛 신학神學의 괴이한 변모현상變貌現象인 〈도르레〉(화포대가 아닌 물건들끼리의 다양한 뱅글뱅글 돌아가는 교체현상)가 여기저기에서 시도되고 있다.

《도르레》는 일종의 〈호혜시장〉이다. 즉 karl polany 경제학 용어로 한다면 〈호혜와 교환을 다중 다양하게 혼합하여 여러 형태의 엉뚱한 "획기적 재분배"를 일으키는 창조력〉이다. (고대 神學에서)

이것이 무엇인가?

또 이것이 가져올 경제학적 대변화는 과연 무엇인가?

지금 현 단계, 또 앞으로 어떤 차원까지는, 현명한 리더십 없이도, 그 스스로 이른바 "획기적 재분배"의 확실한 〈복승〉에 이르지는 못할 것은 뻔하다. 그러나 북한의 그 뻔한 지리멸렬상 안에서 그 정도의 큰 개벽적 가능성 (환귀본처還歸本處에로의 가능성)이 '관념이 아닌 생생한 현실로써', 그것도 남성들의 지혜가 아닌 여성들의 실무적인 《살림의 꾀》에 의해 〈현재화〉한다는 일은 결코 '우연'이 아닌 것이다.

분명히 말한다. 그것은 그야말로 《선후천융합의 대화엄묘연개벽大華嚴妙衍開闢모심》인 것이다.

그렇다! 이것이 이제 여러 형태로, 여러 분야로, 여러 문제를 일으키며 발전하고 비약하면서 《도르, 도르, 도르레레레》할 것이다. "연각緣覺"이다.

이제 〈조선朝鮮〉은 문자 그대로 《사자당분신》을 일으킬 것이다.

핵폭탄이니, 세습독재니, 공산당이니, 주체니, 유물론이니, 마르크스니, 변증법 따위가 어디서 혀를 내밀 것이냐?

없다! 그렇다.

북한의 껍데기 공산주의 배급시장의 '틀' 속에서 장마당의 〈호혜와 교환〉이 "도르레"를 통해 '신시의 호혜시장 형식에 접근하는 기이한 (아직은 애매한)시도를 보인다는 것.

그래서 곧 있을 남북접근 과정에서 《중조선 핵》으로부터의 보다 날카롭고 적극적인 《호혜와 교환》이 영향을 주게 된다면 〈도르레〉는 《적극화》 될 것이고 《획기적 재분배》는 참으로 "창조적 축제(祝祭)(스탠포드 설說)로 이루게 될 것이다!

그것은 바로 전 세계적인 〈환귀본처還歸本處〉요 전 우주적인 새 생명의 〈묘행화엄의 참개벽〉이 되는 것이다.

아아! 이것이 "사자당분신師子幢奮迅"이요 "무승당해탈無勝幢解脫"이니 바로 향아설위向我設位이자 conjonture가 아닐 것인가! 그야말로 "여량의 복승이요 〈미학〉의 현실화인 〈아우라〉 아니겠는가! 온 세상 사람들이 새로운 시장과 새로운 삶, 새로운 문화를 기다린다. 맨 먼저 바로 그것이 이 땅에서 온다!

아아! 이것이 곧 '해인海印'이다.

간결히 정리하자. 〈도르레〉는 그대로 〈궁궁ㅋㅋ(ㅋㅍ)〉이다.

그대로 《명명결冥明決(어둠이 밝음을 결정함·해탈解脫)》이다.

그러니 그야말로 해인海印이요, 태극太極이다.

그러나 지금의 북한 장마당이 그대로 도르레인 것도 아니고, 또 거기서 지금 그대로 도르레가 될 수도 없다. 다만 그 가능성이 싹 텄다는 이야기다. 이제 그것을 《도르레로 궁궁으로, 명명결冥明決의 획기적 재분배의 해탈로!》

변화시키는 것이 바로 통일과 함께 남쪽으로부터의 〈화엄개벽〉의 촉수가 일으켜야 할 그야말로 〈통일대박〉인 것이다.

바로 이 〈대박〉은 장차 동아시아와 태평양, 그리고 중앙아시아와 유럽에서, 그리고 중동과 아프리카와 아메리카와 섬들에게, 그렇다!

분명한 새 세계를 일으킬 것이다. 그것이 〈해인〉이다.

그리고 그것은 초세계超世界 〈우주생명학〉의 대용화회상大龍華會相을 결과할 것이다. 이것이 〈서다림逝多林〉에 나와있다. 무엇일까?

⑥ 김탄허본金呑虛本 『신화엄경합론新華嚴經合論』 제16권
입법계품入法界品 제삼십구지일第三十九之一 p.106
"역호기수급고독원亦號祇樹給孤獨園이어니와 금이약여래지덕今以約如來智德이 편함偏含하야 광다제물廣多濟物일새 호위서다림원號爲逝多林園이니 차방명사此方名寺요 피방명원彼方名園이라"

즉 이곳, 서다림이 곧 고독원孤獨園으로, 한편은 유명한 "사찰"이요 다른편으로는 이름난 "공원"이라!

아뿔싸! 사찰이면서 공원이요 부처님 앉은 자리이면서 고독한 자리다.

오호라! 그러니 이세간품離世間品(p.143→p.166)에 《마소섭지魔所攝持》란 어휘가 나오는 것이다.

"부처와 마魔"가 연속된다. 아하! 이른바 장마당의 〈도르레〉의 시작이다.

이 부분, "이세간품"에서 정반대라고 우리가 생각하는 〈부처와 마〉

가 서로 '연속'되는 것, 그에 관련되는 암시와 지시와 가르침으로 가득 찬 여러형태, 여러 양식과 그것들의 〈상호교류관계〉가 바로 "도르레"의 들어올림이다.

이세간품離世間品 제삼십팔지육第三十八之六 p.250 제 38의 6

"불자佛子야 보살마가살菩薩摩訶薩이 유십종마有十種魔하니 하등何等이 위십爲十고 소위온마所謂蘊魔니 생제취고生諸取故며 번뇌마煩惱魔니 항잡염고恒雜染故며 업마業魔니 능장애고能障礙故며 심마心魔니 기고만고起高慢故며 사마死魔니 사생처고捨生處故며 천마天魔니 자교종고自驕縱故며 선근마善根魔니 항집취고恒執取故며 삼매마三昧魔니 구탐미고久耽味故며 선지식마善知識魔니 기착심고起着心故며 보리법지마菩提法智魔니 불원사이고不願捨離故라 시위십是爲十이니 보살마가살菩薩摩訶薩이 응작방편應作方便하야 속구원이速求遠離라 불자佛子야 보살마가살菩薩摩訶薩이 유십종마업有十種魔業하니 하등何等이 위십爲十고."

나는 이상에서의 열 가지 마업중魔業中 세 가지 정도가 2500년 불가역사佛家歷史에서 실제로 중요한 수양의 표적이 돼왔음을 인정하나 기타 일곱가지는 하는 듯하면서도 곁으로 밀체제 올 것으로 본다. 사실이 그러하다. 그것을 좀 더 상세히 말하는 과정에서 본문을 해석해 내야 하겠다. 이 부분은 실상 매우 중요한 사실이고 이제부터의 우리의 〈우주생명학〉에서 아마도 가장 핵심적 사항이 될 일들이게 된다. 그 '셋'은 무엇인가?

바로 '번뇌煩惱' '업業' 그리고 '심心'이다.

잘 알 것이다. 어쩌면 세상에 이제껏 널리 알려진 불교佛敎는 바로 이 셋 중심의 부처 가르침으로 돼 있다.

〈고통과 고민. 인연과 관계의 복잡함. 그리고 마음.〉

그러니까 어쩌면 이 셋 밖에는 불교엔 아무것도 없다고 보는 것이 정설定說이 될 정도다.

그러나 보라! 지금 한국불교는 전 세계로, 특히 미국·독일 등 서양으로 널리 널리 퍼지고 있고 또 한국에서는 마치 그들, 서양인들의 요구에 응하기라도 하는 듯이 불교방송과 불교대학의 강의 등에서 갖가지 잡다한 차원과 양상의 가르침을 늘어놓고 있다.

이것은 무엇인가?

요구다.

그러나 그 요구들 이전에 이미 부처(세존)의 가르침 안에는 그 모든 것에 대한 근원적이고 뛰어난 가르침이 있었다.

그것이 크게 줄여서 바로 "나머지 일곱 가지"인 것이다.

"나머지 일곱 가지……가르침".

그렇다. 이것을 찾아가 보라.

탄허呑虛『화엄경합론華嚴經合論』p.250

"소위온마所謂蘊魔니 생제취고生諸取故며 사마死魔니 사생처고死生處故며 천마天魔니 백교종고白驕縱故며 심마心魔니 항집취고恒執取故며 삼매마三昧魔니 구탐미고久耽味故며 보살식마菩薩識魔니 기착심고起着心故며 보리법지마菩提法智魔니 불원사리고不願捨離故라."

이상 7가지는, 물론 이제까지의 불교가 여러 가지로 들어 올리고 빛내고 그 값을 평가해온 것은 사실이지만, 그럼에도 〈빼먹었다〉고 책責하는 까닭은 바로 다음의 까닭이다.

첫째,

무시無視하지는 않았지만, 하나의 '파사'에 불과했던 것이다.

둘째,

모든 사람이 다 같이 필사적必死的으로 〈모시는〉 원리가 전혀 아니라, 하나의 외피外皮의 〈멋〉으로 전락했다.

셋째,

그 모든 것들이 〈목숨〉과는 하등何等의 관계도 없는 것인양, 으레 그런 것으로 취급되었고, 그것이 "당연한 것"으로 여겨졌다.

넷째,

다만 이와 같이 소홀히 하였던 여러 문제들에 대하여 내가 이제껏 말해왔던 다양한 핵심들을 줄기차게 검토하는 〈내부선정內部禪定〉 노력이 별로 없었다. 이것은 그 무엇보다도 더 중요한 결핍 사항이다.

다섯째,

그러나 이 모든 것에 대하여 반드시 날카롭게 지적해야 될 〈오류誤謬〉가 버티고 있으니 그것은 다음의 〈다섯 가지〉요. 이것을 참으로 주의해야 할 것이다.

① 교리敎理를 '아무렇게 해석해도 된다'는 〈자주自主의 왜곡〉이 흔해 빠졌다.

② 행동에 있어서 지나치게 〈섭공적攝攻的(고대등탑수도행동양식)〉이거나, 지나치게 〈엄수적嚴守的(마치 감옥같다)〉이다.

③ 머리를 깎은 젊은 수도승이 명함에 자기 대학학력과 박사학위를 찍어가지고 다니며 돌린다.

이것은 오류 중에도 한심한 오류에 속한다. 옳은가? 그른가? 불교의 목숨줄이다.

④ 비록 필요성 때문이라 하더라도 유물론唯物論이나 급론리伋論理를 화엄 해인海印의 행동체계 안에 끌어들이는 것.

옳은가? 그른가? 불교의 목숨줄이다.

⑤ 돈, 노름, 술에 젖어 사는 생활.

이런 것들이 불교와 무슨 관계인가?

옳은가? 그른가? 불교佛敎의 목숨줄이다.

이것들은 모두 다음 〈여섯째〉와 〈일곱째〉의 《빼먹음》에서부터 비롯된 것이다.

여섯째,

〈보리법지마菩理法智魔〉! 허허허!

일곱째,

〈선지식마善知識魔〉! 하하하!

그렇다.

〈보리법지〉 즉 '참진리의 원리'라는 이름으로 〈사기 치는 짓〉, 그리고 〈선지식〉 즉 '훌륭한 스님' 이라는 껍데기로 〈속여 먹는 짓〉!

그것이 마魔가 아니고 무엇인가?

그러면 이것처럼 더럽고, 무서운 마귀가 어디에 따로 있겠는가?

하하하하하! 어찌 극복할 것인가?

그리고 앞의 다섯 가지, 〈유물론〉, 〈섭공攝攻, 엄수嚴守〉, 〈자주自主의 왜곡〉, 〈으스댐〉, 〈타락〉. 이것들은 모두 〈사기 치는 짓〉과 〈속여 먹는 짓〉의 원인이며 동시에 결과다.

있다!

이미 '서다림逝多林'에서 바로 그것들을 미리 미묘하게, 날카롭게 지적, 〈마〉로 열 가지 지적하고 있어 경계했음에도 〈빼먹었다!〉

아닌가?

하는 척 하면서도 실제로 안했다!

그 결과가 오늘 왈 〈불교의 모자람〉, 왈 〈세존의 멍청스러움〉, 왈 〈옛 지혜의 낡아빠짐〉, 왈 〈어리석음〉으로 드러나고 있고 비난받고 있고, 그 빈 자리를 〈헛것들〉이 창궐하고 있다.

바로 이 〈창궐〉을 '제도'하기 위해서 〈화엄개벽〉이 요청되고 있고 그 개벽의 첫 발이 바로 이상의 〈십종마十種魔〉를 분명히 직시하여 새롭게, 새 차원에서 그 옛부터의 근본적 본질을 잡아 실천해야 한다.

이렇다. 우선 손곡과 정산사이, 거돈사지와 법천사지 사이, 학고개와 점봉산 사이의 〈빼먹은 길〉〈잡초 무성한 낮은 고갯길〉 바로 강원도 원주시의 '풍점고개'로부터 그 일을 시작한다.

이리가도 저리가도 아무렇게나 흐트러진 갈잎들, 독초들, 쑥부쟁이들의 일렁임 속에서 우리들 비로서 선종禪宗사찰 〈거돈사居頓寺〉의 빈 벌판의 〈없음〉과 그 너머 법상종法相宗 사찰 〈법천사法天寺〉의 옛 중장터와 부론의 세 큰 강물들의 엇섞임으로 가득찬 그 〈있음〉 사이에서 '외롭게' 서게 된다. 〈외롭게 섬〉, 바로 이것이다. 이것이 〈미륵〉의 시작이다. 또 있다. 법천사 방향의 점봉산의 밀생한 산자山姿와 거돈사 건너 학고개의 주생珠生한 산기슭 사이의 '어지러움', 바로 이것이다.

또 있다. 단강檀江이 흐르는 서편 좀재 방향의 깊은 무문관들인 십명지十冥地와 산 너머 동편 미륵산 용화사龍華寺 방향의 작지만 웅장한 용암龍岩 사이의 법신선法身禪에서의 〈날카로운 일치一致!〉

그리고, 그 시끄럽고 크고 우당탕탕한 물 〈부론富論〉과 한없이 잔잔하고 작고 죽은듯한 물 〈거론居論〉사이에서, 아니 '없는 물 거론 기억' 사이에서

아아! 그렇다.

남는 것은 그래도 오직 《물》 하나 뿐! 그리고 막힌 시편·도서들(경기도 양평, 이천, 여주, 장호원, 안성 방향의 집들, 도서들)과 열린 동편의 산곡과 능선 사이로 환하게 뻗어가는 백두대간과 동해바다, 태평양에도 흐르는 흰 구름과 푸른 하늘!

오호라! 저기, 가슴과 온 몸에 한 점 〈섬〉이 떠오른다.

그것은 〈섬島〉가 아니라 〈입立〉이다.

무슨?

모른다.

누군가 우뚝 일어선다. 그것뿐!

그것이 바로 '미륵彌勒'이다.

그것뿐이다, 풍점은. 나는 항상 바로 이즈음에서 문득 서버린다. 내 마음이 서버린다.

〈입立〉이 아니라 〈지止〉이다.

왜?

모른다!

〈지止〉

'멈추다'는 말은 '어둡다'와 연결된다.

〈noir〉다. 〈여성성〉이다.

다시 말한다. 〈명冥〉

불교에는 어둡고 음산하지만 가장 중요한 시발점이다. 그리고 "우주생명의 비밀이 시작되는 곳"이기도 한다.

〈무문관無門關〉아닌가!

참선의 시작이다. 명冥.

이곳을 두고 동학과 정감록은 '궁궁ㄹㄹ'이라 부른다. 〈풍점〉이 바로 이것이다. 그러나 조금 '높은 곳'이다.

무섭고 두려운 곳이다, 풍점은! 그러나 그곳은 이제 '온세상'(온 지구와 온갖 주변 우주 혹성과 공간)을 동학 〈골덕내〉와 함께 해인용화海印龍華의 대화엄大華嚴으로 개벽開闢할 바로 〈그곳〉이다. 〈네팔〉의 수천 명 죽은, 그 지진을 보라!

히말라야가 흔들린다. 에베레스트가!

파키스탄이, 캘리포니아가, 도쿄가!

온 세상의 산들, 남미南美가 흔들린다!

오로지 백두대간白頭大幹뿐이다!

《풍점과 골덕내》!

곤륜과 울루미미와 삽당령 만이 바다를 결정하는 대명大冥으로써 참다운 명명明을, 〈해인삼매海印三昧〉를 가져온다.

그 시작이 곧 〈풍점〉이다.

좀재의 십명지十冥地와 미륵산 용화사龍華寺의 꼭 중위점이 바로 〈풍점風占〉이다.

그렇다면 풍점이 바로 무엇인가?

풍점의 서쪽은 십명지로 "막혀 있다".

풍점의 동쪽은 손곡蓀谷에서 원주原州에로 뻗어간 백두대간白頭大幹과 양안치兩岸峙로 "열려 있다".

그리고 한편 미륵산 용화사와 귀래貴來로 구불어진다. 그래서 다시 양안치 너머 흥업興業으로, 백운산으로, 그리고 제천堤川의 월악산月嶽山으로 나아간다.

이것은 〈심각한 풍수문제〉를 안고 있다.

짧게 줄여서 말하면 〈풍점〉은 동강의 〈골덕내〉로 훌쩍 뛰어 넘어가고 있다. 이것이 무엇인가?

〈풍점〉은 《상승미륵上昇彌勒의 생지生地》이고 〈골덕내〉는 《해인 미륵의 성지成地》인 것이다. 아아!

그 "사이"(풍수문자다)에 바로 남북통일과 동서東西융합의 세 point "양안치兩岸峙"가 있다.

양안치는 바로 서쪽의 〈두물머리〉와 동쪽의 〈아우라지〉를 제 안에 안고 있다. 그리고 두물머리는 또 제 안에 〈앵산鶯山〉을, 아우라지는 또 제 안에 〈여량餘糧〉을 안고 있다. 앵산이 곧 또 하나의 여량이다.

양안치는 무엇을 안고 있는가?

〈도깨비길〉이다. 그리고 〈도르레〉다.

하하! 풍수는 이제 〈터잡기(지구외)〉에서부터 〈길닦기 (우주의)〉로 나가야 한다.

하하하.

양안치는, 중조선은, 백두대간과 동해는 "새 시대의 우주기운의 Aura"가 틀림없다. 이것이 〈풍점〉의 바로 그것! 〈바람(山)점괘(占)〉다. 하!

내가 이제껏 말해온 〈바람점괘〉 즉 〈풍점風占〉은 어디서 나온 문자일까? 동강東江의 백운산白雲山(그 산위)에 고려 중기의 산성山城. 당시의 화엄승 '혜승惠勝'의 독특한 절 〈곤리비비昆里悲非〉가 있다. 이 절이, 화엄 법신선法身禪에 따르면 〈부처님의 핏줄이 가운데로 쏟아져 내리는 맥脈〉의 〈골덕내〉가 있는 물로부터 기이한 '겨울바람(명풍冥風)에 일어나는 물방울들이 하늘을 날고 날아 바로 좀재 십명지와 미륵산 용화사 사이의 〈정산-손곡 사이-거돈사居頓寺·법천사法天寺 사이 칠점석七點碩(바위들 사이의 거초의居草衣 일곱 그루) 있는 그 고개〉에 떨어져 아롱진다는 것이다.

이곳이 바로 《새 시대 미륵이 태어나는 곳》이라! 그런 점(占)이 나타난다는 것이다.

이것을 두고 법신선에서는 《풍점風占》이라 부른다. 또 일명 〈아우르기 제 애미 들쑴(아우르기가 제 모친母親을 들추어 찾아 올리는 바람결)〉이라고도 부른다.

이것을 전설에서는 그 옆 고개 이름인 〈학산學山(영월 '완택산'의 고명古名)〉이라 부르니 옆 고개 자체를 〈학고개〉라 부르는 것이다.

'학鶴고개'가 아니라 '학學고개'다.

영월 '완택산'은 〈完澤山〉이 아니라 〈浣澤山〉(앞의 氵은 물이 아니라 꽃이다)이다. 대표적인 명산冥山으로써 바로 〈골덕내〉의 뒷산이다.

이제 '우주생명학'의 비밀 중에 비밀인 〈명중명冥中冥〉이라 할 〈궁ㄹ〉을 말한다. 바로 이 완택산과 백운산白雲山사이의 《짐》이라 불리는 얕은 '샘'터가 있다. 이것은 산山의 기밀에 속하는 풍수학의 핵심밀장인 《애강涯江》이다.
일반적으로 〈궁ㄹ〉이다. 또한 이것이 물을 발생하므로 〈ㅌ〉이 붙는다. 그래서 이 명冥이 곧 〈ㄹㄹ〉즉 일반적으로는 〈궁궁ㄹㄹ〉으로 통하는 것이다.
바로 이곳이 동강東江(또는 동강桐江)의 '핵심 정精'으로서의 백두대간의 애강涯江이니 이곳에 동강산수문화원東江山水文化院이 서는 것이다.
(을미년乙未年, 2015년 5월 2일)

바로 이곳이 《궁궁명ㄹㄹ冥》이요 백두대간의 《새 시대 전 지구의 우주적 새 개벽기운의 Aura》인 것이다.
그리고 〈풍점〉은 바로 이 '궁궁', 또는 '궁궁명'의 《동桐(란卵)》이다.

나는 이 모든 백두대간 산수문화의 Aura 즉 명冥, 궁궁ㄹㄹ이 바로 〈골덕내〉라고 보고 있으니 그 앞(물 건너의) 〈재장마을〉 너머의 완택산 언저리에 일어선 '동강산수문화원의 〈사자당분신師子幢奮迅〉을 말하지 않을 수 없다.
이미 서기전西紀前 3-4백전 출행된 것으로 알려진 〈산해경山海經〉

은 한 마디로 고대古代 동북아의 《산수문화》이었다.

그리고 이것은 그 나름의 (물론 한계를 가진) 〈화엄경華嚴經〉이었다.

오늘 우리는 그 무슨 낡아빠진 '민족문화民族文化' 따위 언표를 쓸 필요를 느낄 필요가 없다. 그렇다. 때가 다르다.

이제 우리는 우리 나름의 《백두대간 중심의 또 하나의 현대 '산해경', 현대 '화엄경' 현대現代 동경대전東經大全인-산수문화로서의 우주생명학》을 쓰고 발표하고 사용하여야 한다. 반드시 그리하여야 한다.

그것은 한 마디로 무엇일까?

《아라리 궁궁명弓弓冥》이라 이름붙인 "미학美學사 우주생명 통책通責"인 것이다.

이 통책이 차차 "서다림逝多林"과 "오백봉五百封"과 "신불神佛한님의 길", 세 큰 봉우리의 〈화엄역〉에 이르는, 옛 주역周易 이전의 서촌통책庶村通策 3권 노릇을 할 것이다.

세 갈래의 '통책通策길'을 우선 잡는다.

하나는 〈풍속〉, 둘은 〈풍수〉, 셋은 〈미학〉이다.

이 셋 모두가 전체로서의 이른바 "백두대간의 우주적 Aura"인 서촌庶村인 셈이다.

우선, 〈흥원창興原槍, 월봉月峰, 창말〉이다.

자! 단강檀江, 섬강蟾江, 남한강南漢江이 만나는 자리인 흥원창, 월봉, 창말이 어떻게 저 크고, 광활한, 험준한 산악 백두대간의 우주적

Aura를 압축한 서촌庶村이 될 수 있다는 것인가?

첫째, 강江이다.

세 강(단강, 섬강, 남한강)이 바로 이 백두대간을 꿰뚫고 있다.

둘째, 산山이다.

학學 고개 맥脈

수영봉 맥脈,

월봉月峰 맥脈,,

앙성仰城의 오갑산五甲山 맥脈,,

명봉산鳴鳳山 맥脈,

―오산五山 맥脈이다.

셋째, 벌, 길, 숲(봉란서奉蘭西)들이다.

나는 이 세 가지, 강, 산, 그리고 벌·길·숲들 자신의 한 〈깊은 Aura, 명冥〉을 지적하지 않을 수 없다.

월봉 둘째 봉우리 위의 〈샘〉이다.

이 샘을 가리켜 《해질 래來》라고 예부터 불러왔다.

"해질 무렵부터 오기(來) 시작하는 물(생명)의 뜻이다.

이것을 두고 이 근처 사람들은 "헤지리"라고 흔히 말한다.

즉 〈시시껄렁 돌맹이〉란 뜻이다.

별 볼일 없는 바위(월봉月峰)라는 말로써 월봉月峰을, 그 오랜 우주적 가치를 폄하하는 뜻이다.

여기엔 오랜 사연이 담겨 있다.

'홍호' 사람 박헌수朴憲洙(이조 정조 때의 근처 서당 훈장)가 어느 날 월봉을 일러 "저 봉우리 위의 샘물이 바로 나다! 나는 머지않아 다가올 나라의 큰 가뭄에 저 물로 갈증을 풀어줄 것이다. 그리고 '창말'의 탐貪·부富·중中 세 층위의 농사를 서로 연결하는 이른바(자기말로) 〈삼정위三正位〉를 한다고 큰 소리쳤다." 그리고 제 호를 〈월봉〉이라 하였다. 그러나 모두 실패하고 헛소리가 되었다. 그래서 월봉이 〈헤지리〉(시시껄렁 돌맹이)라는 낮춤말이 되었다. 노림의 한기악이 월봉이 된 것은 바로 그것에 대한 반사호칭이었다.

'노림의 한기악'은 서울에서 관직을 그만두고 내려와 지방의 농촌 사람들 살림을 돌보며 인근 마을들의 삶을 돕던 청주한씨淸州韓氏 양반이다.

이 사람은 선조 때의 영의정이고 대동법大同法개혁의 추진자였던, 기전제箕田制와 주역의 명인名人인 한백겸韓百謙의 후손으로써 이조李朝 마지막의 왕 고종연문高宗年間에 다섯 가지 큰 일을 하였던 이 근처의 당대 가장 유명한 인사人士였다.

이제 나는 현재現在로 돌아온다.
서기 2015년, 을미년乙未年 5월 15일 현재 강원도 영월, 〈동강시스타〉에서 새로이 〈동강산수문화원東江山水文化院〉을 창설하고 나, 김지하가 그곳 이사장으로 취임하여 〈개원특강開院特講〉까지 하였다.
이것은 한마디로 〈산수문화山水文化를 통해서 우주생명학을 개척해보자는 뜻〉이다. 다른 뜻 없다.

〈산수문화〉는 무엇이며 어떻게 탐구하고 개척하고 실용實用해 나갈 것인가?

나는 그것을 크게 세 가지로 규정한다.

① 우리가 흔히 "우주"라고 부르는 이른바 Cosmos란 무엇인가? 분명히 이것을 규명해보자. 그리고 그 규명과 탐색과정에서 〈산수山水〉가 무엇이며 어떤 의미를 갖는가를 규명해 나가기로 한다.

② "생명"이 무엇인가?

생명은 인간과 중생계 이외에 지구의 산수등과 공기 안에서 구체적으로 무엇이며 어떤 작용을 하는가, 그리고 그것은 우주적으로, 이제 바야흐로 어떤 작용을 하며 그에 대해 우리는 어찌 대응해야 하는가?

③ 〈우주생명학〉에서의 《학學》이 무엇인가?

무엇을 의미하는가?

단순한 '공부'가 아니라 그것은 과거에는 무엇이었으며 미래에는 무엇이어야 하며 또 지금은 무엇이고 어찌해야 하는 것인가?

"사상, 과학, 문화" 이것들은 그 〈학學〉안에서 무엇이며 어찌해야 하는가?

여기엔 동·서양의 모든 자연과학의 핵심이, 또 사상의 가장 중요한 중심이, 그리고 문화의 초점중의 초점이, 그리고 그것은 Healing 을 목표로 하는 《참약》(진정한 약품)을 포함해야 한다.

인간만이 아니다. 전 중생계가 다 포함되어야 하고 모든 방면의 치유가 다 들어가야 한다.

※ 〈산수山水〉는 그 모든 것을 안에, 밖에, 그리고 그 흐름에 다 갖

고 있다. 다만 우리는 그것을 〈문화文化〉란 말 안에 포괄되는 방법과 방향 안에서 찾고 증명하고 현실적으로 실천해보자.

⑦ 자! 이제 〈서다림逝多林〉으로 돌아가라!

탄허본吞虛本『신화엄경합론新華嚴經合論』제16권
이세간품離世間品 제삼십팔지육第三十八之六 p.263
"보살마가살菩薩摩訶薩이 주도솔궁住兜率宮에 위욕공양제여래고爲欲供養諸如來故로
이대신력以大神力으로 흥기종종제공양구興起種種諸供養具하니 명수승가락名殊勝可樂이라"

'우리가 보살이라고 부르는 도솔천궁의 지혜와 그 육신을 현실 사회생활에서 구체적으로 실천하고 낱낱이 재현하는 것을 참다운 기쁨이라고 한다.'

−우리는 지난 오천여 년 동안 이 일을 제대로 실천하였던가?
〈명주승가락名珠勝可樂〉
'참다운 기쁨'이라고 부르는 (명名)
바로 그것, 그 "지혜"와 그 "육신"을 오늘 우리는
〈여량餘糧의 미학〉에서, 그리고 〈약초藥草의 건강〉에서, 그리고 그 모든 것을 바로 다름 아닌《동강東江의 산수문화山水文化》에서 문득 그 〈복승複勝〉을 찾고 또 기다린다.

자! 이제부터다!

이제 참으로 〈우주생명학〉 즉 화엄역華嚴易은 살아있는 산수문화로!

동강중심의 백두대간과 강원도江原道와 동해안東海岸의 대개벽 현상 자체로 뜨는 것이다.

두고보라!

⑧ 김탄허金呑虛 『신화엄경합론新華嚴經合論』 제16권
이세간품離世間品 제삼십팔지육第三十八之六 p.250
"수제선근修諸善根이 시위마업是爲魔業이요 악심포시惡心布施하고 진심지계瞋心持戒하며 사악성인捨惡性人하고 원해태자遠懈怠者하며 경만난의輕慢亂意하고 기혐악혜譏嫌惡慧 시위마업是爲魔業이요"

'악업을 악업 그대로 놔둘 일이 아니라 그 악업 안에서 악이 아닌 선의 뿌리가 또한 있음을 주시하고 그것을 들어 올려야 한다. 그러기 위해서는 주체 스스로 악업을 저지를 용기가 있어야 한다. 그러나 그 때 이미 그 악업은 도리어 악업이 아닌 어떤 행업行業으로 변한다. 즉 선근善根이 자라 오르는 것이다. 바로 이것을 두고 〈행行(자람)〉이라 부른다.'

이 때에 〈행行〉이란 말에서 우리가 〈자람〉이라는 뜻을 찾는 것은 의미심장하다.

무엇이 자란다는 것인가?

악업惡業을 도리어 행함으로써 무엇이 자란다는 것인가?

〈선근善根〉이 자란다고 했다.

악행惡行 안에서 선근이 자란다?

이것이야말로 커다란《자비업慈悲業》이다. 즉 '부처의 일'이다. 그야말로 참다운 '착한 일'이란 뜻이겠다.

그것은 꼭 '돌멩이 속에서 꽃이 피는 것'과 같고 '똥에서 밥이 나오는 것'같고 '병 속에서 약이 나오는 것'과 같다고 하겠다.

이것을 다 〈미륵행〉, 또는 그리고《산수출행山水出行》이라고도 부른다.(우리는 오늘 동강과 완택산에서 바로 이 "산수출행의 미륵행"을 찾으러 하는 셈이겠다.)

⑨ '동강산수문화원東江山水文化院' 1, 2, 3, 4, 5단의 〈산수문화를 통해서 우주생명학을 배운다〉를 기록했다. 그에 따른 토론과 그에 이은 논의 및 강의를 뒤로 미루고 다시금 ⑩부터 〈서다림逝多林〉으로 돌아간다.

원주가 바뀌고 있다. 시장市場이! 문화文化가!

강원도가 바뀌고 있다. 영월이 바뀐다.

을미년乙未年, 2015년 6월 25일 '사지막'에서《이사안·네오·르네상스》가 시작한다.

《복승複勝》이란 새 명칭으로 〈대개벽〉이 시작한다. 동강산수문화원에서 분명 시작한다!

나의 2시간 연설이 있었다.

참 시작이다.

나도 그것을 절감切感한다. 몇십년 기다렸던 "시작"이다. 복승! 그
렇다!

《여량의 복승이다.》

⑩ 을미년, 2015년, 〈6.25〉날에 치악산 꼭대기 향로봉 바로 밑에
있는 찻집 〈꽃밭마루〉에 다녀왔다.

〈기가 막히다〉

이곳, 내 이夷의 새로운 시작이다.

오늘, 비 오고 날씨 흐린 날. 6월 26일!

또 올라갈 것이다. 왜? 모르겠다.

다른 말 필요 없다. 〈기연상서奇緣祥瑞〉뿐.

그리고 서다림의 한 구절이 시작된다. 다음이다.

『신화엄경합론新華嚴經合論』제16권
이세간품離世間品 제삼십팔지육 第三十八之六 p.250(32)

"소위망실보리심所謂忘失菩提心하고 수제선근修諸善根이 시위마업是
爲魔業이요 악심포시惡心布施하고 진심지계瞋心持戒하며 사악성인捨惡
性人하고 원해태자遠懈怠者하며 경만난의輕慢亂意하고 기혐악혜譏嫌惡
慧 시위마업是爲魔業이요 어심심법於甚深法에 심생간린心生慳悋하야 유
감화자有堪化者라도 이불위설而不爲說하고 약득재이공경공양若得財利恭
敬供養하면 수비법기雖非法器나 이강위설而强爲說이 시위마업是爲魔業이

요 불락청문제파라밀不樂聽聞諸波羅蜜하고 가사문설假使聞說이라도 이 불수행而不脩行하며 수역수행雖亦脩行이나 다생해태多生懈怠하며 이해 태고以懈怠故로 지의협렬志意狹劣하야 불구무상대보리법不求無上大菩提 法이 시위마업是爲魔業이요……"

"이른바 보리심菩提心를 망실忘失하고 모든 선근善根을 닦음이 이 마업魔業이 되고, 악심惡心으로 포시布施하고 진심瞋心으로 지계持戒하 며 악성인惡性人을 버리고 해태자懈怠者를 멀리하며 난의亂意를 경만輕 慢히 하고 악혜惡慧를 기혐譏嫌함이 마업魔業이 되고, 심심甚深한 법法 에 마음이 간린慳悋을 내어서 유감화有堪化할 자者가 있더라고 위爲해 설說하지 않고 만일 재리財利와 공경공양恭敬供養을 얻으면 비록 법기 法器가 아니나 수비雖非히 이而해 강강함이 이 마업魔業이 되고, 제파 라밀諸波羅蜜을 들음을 즐기지 않고 가사설假使說함을 들을지라도 수 행脩行치 않으며 비록 또한 수행脩行하나 많이 해태懈怠를 내며 해태 懈怠를 쓴 고故로 지의志意가 협렬狹劣하여 무상대보리법無上大菩提法을 구求하지 않음이 이 마업魔業이 되고……"

누가 내게 와서 이것을 묻는다고 하자.
"자!" 세상의 새로운 시작('개벽開闢' 또는 '복승複勝')은 어떻게 하는 것인가?
과연 어떻게 시작하는가?
〈시작〉을 하기는 하는 것인가? 아니면 애당초부터 〈되는 것〉인가?

잘라 말하자. 〈되는 것〉이면서 〈시작하는 것〉이기 때문에 바로 이렇게 〈서다림〉처럼 《마업魔業으로부터 선근善根을 찾아간다.》

불업佛業은 간단히 말해서 〈씹〉(여러 가지 '씹'이 있다. 차차 알게 될 것이다.)을 하지 않는 것이다. 그러나 바로 여기 이처럼(서다림에서처럼) 마업, 즉 '씹'까지 하면서 그 마업, 즉 '씹'자체로부터 《선근》을, 더욱이 그 새롭고 창조적이면서 "새 우주생명의 길"이기도 한 《새 불업》을 찾아내는 바로 그 일,

〈그 일〉을 곧 《개벽開闢또는 복승複勝》이라 하는 것이다.

그것이 도대체 무엇일까?

예컨대, 삼성재벌을 협박하고 공략하고 있는 그야말로 마업 그 자체인 "벌처 펀드 엘리엇"은 과연 무엇일까?

"엘리엇"은 그러나 악질적인 법적法的투쟁에서 삼성에게 졌다. 거의 완패完敗다. 이것을 두고 무어라 할 수 있을까?

이제 선근善根이 나올 것인가?

그렇지는 않더라도 "씹" 자체가 항상 어떤 조건에서도 악惡인 것은 아니다.

이제 아름다운 숲속의 절에서 '대처승'을 만났다. 또 그곳에서 한참을 가면 부부가 함께 중노릇하는 기이한 절도 있다.

이것이 다 무엇일까? 차차차차 생각해보자.

나는 무엇을, 어떻게 해서 오늘 이렇게 시끄럽고 요란한, 그리고 더러운 세상, 그러나 한편으로는 '삶의 근원적인 모습'이 문제가 되고, 《드러나야만 살 수 있다는 각오로 사상과 문화가 집약되는 이 기이한 현대現代가 태어났는가》를 평략주略이 《씹》을 통해서 그대로 드

러내 보이겠다. 결혼제도, 성姓관계 따위 남녀음양陰陽 일체를 미래에의 예상, 전망과 연결하여 잡아보자.

그것이 서다림逝多林의 그 〈마업의 정체正體〉와 "그 속에 움직이는 불심佛心의 길"을 찾는 일이다.

자! '벌처 펀드 엘리엇'은 삼성과의 〈싸움〉에서 완패完敗했다. 삼성을 다시 고발했으나 그를 둘러싼 여론(하긴 엘리엇이 그들을 존중하는 일 따위가 애당초 없었던 것은 사실이나 이번엔 좀 다르다) 자체가 아주 고약하다.

한 마디로 〈지옥에 갔다〉라고 표현한다. 기이하다. 그러나 〈씹〉이 그대로 '불업佛業'으로서 거룩한 〈학學〉을 이루는 경우도 있다. 〈풍점〉은 그래서 〈학고개〉옆에 동생처럼 붙어있는 〈미륵산으로 가는 오솔길〉취급을 받는다.

〈풍점〉이 "불심으로 가면서도 풍류風流와 〈모심(敬)〉을 곁드리는 그 여량 복승의 예절" 즉《향아설위向我設位》즉《무승당해탈無勝幢解脫의 길》을 잃지 않기 때문이다.

어렵다. 그러나 그것이 곧《씹하는 모심》이다.

씹이 곧 모심이 되는 경우다. 될까?

그것이 아니라《씹은 근본이 모심이다.》

이 점을 잊어서는 안 된다.

이 '온갖 형태의 기괴망측한 씹의 난리'들이 불법不法으로 규탄 받고, 받으면서도 더욱 더 야단법석을 하는 이 시절, 바로 〈선후천융합대개벽先後天融合大開闢〉의 일대 혼란기에 〈씹〉을 저주할 것인가?

어떤 형태로든?

'리나 셰브첸코의 〈토프리스〉로?

IS의 〈여성 지지밟기〉로?

또는 여러 형태의 뒤틀린 씹으로?'

정반대다.

도리어 씹은 모심으로 존중되기 시작해야 한다.

이미 지난 6월 21일 매스컴은 참으로 예외적으로 《윤초閏秒》가 시작되었음(NASA의 발표)을 보도하기 시작했다. 윤초는 정역正易의 《윤달이 사라짐》이다.

'율리우스'나 '그레고리안' 등 로마 류流의 서양식 태양력에 의한 〈365일 1/4〉이 사라지고 달력에 의한 〈360일〉이 정례적 간지로 일어서는 것을 말한다.

그렇다면 정역正易대로 춘분春分·추분秋分이 동지冬至와 하지夏至에 대신하여 연지年支의 기본이 되는 〈여름엔 시원하고 겨울엔 따뜻한〉 4천년 《유리세계》가 시작된다는 말이다. 이것은 곧 《해인시대海印時代》의 시작, 곧 《화엄華嚴대개벽》이 《복승復勝》하는 것, 그것이다.

우리의 경우 이것은 곧 《여량의 복승》을 말한다. 당연히 향아설위, 무승당해탈은 《모심으로서의 씹의 일상화》와 함께 정상화한다. 이것이 바로 〈선후천융합대개벽〉이라는 사태다.

'서다림逝多林'속의 그 마업魔業으로부터 선근善根이 솟아오르는 대해탈이 곧 복승이요 개벽開闢이니 이는 이른바 맑스 친親공산주의적 실증론자들의 〈잉여〉가 도리어 〈여량餘糧〉(강릉 김주호와 옛 사람 심치제인審治濟因의 주장처럼)으로 "복승"(오운육기론五運六氣論이 "산알"로 일상화한다) 한단 것이다.

그러나 그 '잉여'가 바로 그 '여량餘糧'일까?

올해(을미년乙未年)부터 5년쯤 앞으로 그 시기를 내다 볼 수 있다. "잉여가 아닌 여량"이다. 이 점은 가장 중요하다. 이 "복승"에서 가장 중요하고, 중요시되어야 할 사태가 바로 "〈여량〉의 그 넘쳐남"일 것이다. 그야말로 《대개벽大開闢》이다. 이건 "미학美學의 실생활화"이고 "산알의 일상 Healing화"이며 《기연상서奇緣祥瑞》가 "Dream Society로 Zero화"하는 때 이다.

그야말로 "궁궁弓弓, 무승당해탈無勝幢解脫"이다.

나는 또 하나의 어려운 '마업의 해탈' 과정 이야기를 해야겠다.

그것은 다음과 같다.

⑪ 김탄허본金呑虛本 『신화엄경합론新華嚴經合論』 제16권
이세간품離世間品 제삼십구지육 第三十九之六 p.32. 251

"락학세론樂學世論하야 교술문사巧述文詞하며 개천이승開闡二乘하야 은복심법隱覆深法하며 혹이묘의或以妙義로 수비기인授非其人하며 원이보리遠離菩提하고 주어사도住於邪道 시위마업是爲魔業이요"

"세론世論을 락학樂學하여 문사文詞를 교술巧述하며 이승二乘을 개천開闡하여 심법深法을 은복隱覆하며 혹或 묘의妙義로써 그 사람이 아닌데(비기인非其人은 법기法器가 아닌 사람이란 뜻이다) 주며 보리菩提를 원리遠離하고 사도邪道에 주住함이 이 마업魔業이 되고"

나는 이 모든 구절에 심한 구역질을 경험하고 있다. 어찌 이처럼 불교佛敎의 지난 2000여 년이 그대로인가?

어째서 거기에 전혀 개벽적인, 그렇다!

참으로 "〈복승〉의 산알"이 샘솟지 않았다는 말이냐?

왜?

바로 이 〈왜?〉가 다름 아닌 석가모니와 수천 년 불교도의 공부, 즉 그 속에서 작동한 《왜?》인 것이다.

그렇다. 바로 《지금》이다!

바로 지금, 〈풍점〉에서 바로 그 〈산알〉이 솟아오름을 보아야 한다.

우선 〈풍점〉의 그 "풍류도風流道"에서 복승의 실체, 참보리菩提를 살펴야 할 것이다.

그것이 무엇이냐?

우선 셋으로 압축된다. 그 밖에는 풍수風水다.

① 그림.

② 씹.

③ 영월에서의 김삿갓 풍류.

이것이 구체적으로 무엇일까? 한번 설명해 보자. 자, 가자.

①의 "그림"은 〈채색산수〉다. 왜?

나는 본디 〈수묵산수水墨山水〉를 외골로 친다. 왜? 〈우주생명의 한 본체를 드러냄〉이기 때문이다. 그것은 지금도 그렇다. 앞으로도 역시 그렇다.

그러나 그 산수에 채색彩色이 들어가는 것은 〈본체本體〉, 〈체體〉이외에, 말하자면 〈진정생眞情生〉에의 접근이라 해야 할 〈풍계〉 즉《물기운》을 드러내고 잡기 위함이다.

그것이 필요한가?

그렇다.

바로 지금 이때, 〈체體〉보다 〈수水〉에 눈을 돌려야 한다.

왜?

생명을 공격하는 〈병病〉 때문이다.

이 문제는 또 차차 본격적으로 그 이치를 가늠해 보자.

②의 "씹"은 그 자체로서 이미 〈목탁〉이다. 더 정확히 말하면 〈탁발〉이다. 그 자체가 이미 화엄경의 《일일이일화식조붕대성불一日二日花食鳥鵬大聖佛》의 차원이기 때문이다.

그야말로 "풍류선風流仙" 자체다. 이 역시 차차 더 밝혀가자.

③의 "영월에서의 김삿갓 풍류"는 그 자체가 이미 오늘 우리가 요구하고 있는 〈동강산수문화원東江山水文化院〉의 "풍류"다. 김삿갓 자신이 이미 〈풍류〉임에도 〈영월 풍류〉가 없다. 왜 그럴까?

이제 그 문제를 구체화함으로써 여러 가지 문제의식에 대답해 나가기로 한다.

나는 이 세 가지 문제를 나의 지금 이 〈우주생명학〉이외에 가장 중요한 공부로 알고 있다.

이 나이에 왜 거기에 하필 〈씹〉인가? 그것은 '월악산月岳山'으로부터 비롯된 올해 2015년 을미乙未부터의 〈통일예감〉 때문이다.

그건 또 왜?

그러나 그것 역시 지금은 말할 때가 아니다. 다만 〈서다림逝多林 150항項〉 중의 한 주요사안일 뿐,

그리고 이 민족의 긴급 사안 중 〈청년문화靑年文化의 핵심사안〉이기 때문이다. 내가 거론 안할 수 없는 사안이다.

더욱이 〈풍점風占〉 옆의 《학學》(학고개)은 새 시대의 '벽암록碧嚴錄', 십명지十冥地(좀재)로부터 시작된 어려운, 이 시대의 가장 어렵고 무서운 화엄법신선華嚴法身禪이기 때문이다.

짧게 줄여 말하자. 신라 전 시기의 중심흐름은 〈풍류〉다. 그 위에 〈화엄불교〉가 작동한다. 무엇이 그 〈풍류風流〉의 핵심일까? "〈원화源花〉로 시작하여 〈화랑花郞〉으로 실체화하지만 결국 굵직굵직한 〈원화〉에 의해서 그 〈화랑도花郞徒〉의 신라군은 신라의 국명國銘인 〈삼한일통三韓一統〉을 이루어 내고 만다."

바로 그 "굵직한 〈원화〉의 중심성"을 요즈음의 '메르켈(merkel)'과 연관된 독일어 〈무티 리더십〉 즉 "엄마 힘"이라 볼 수 있다.

이것이 다름 아닌 〈무승당해탈〉의 사자당師子幢주류인 것이니 월봉月峰, 십명지十冥地, 학고개와 풍점 그리고 미륵산으로 치닫는 〈일체념불문一切念佛門〉이다. 간단히 줄여 말하면 이것이 곧 〈풍류〉다.

고대古代의 여성왕王, 또는 신무神巫의 힘은 곧 〈엄마 힘〉이다. 그리고 그 힘은 이미 세존世尊의 모친母親인 마야부인摩耶夫人의 말 속에서 드러난다.

'비로자나를 비롯한 모든 부처가 다 나의 아랫배에서 나왔다.'

아랫배, 즉 〈보지〉가 곧 〈엄마 힘〉의 핵심이다. 그리고 그것은 〈씹〉이다.

그러나 "개벽적 현대現代"에 와서 그 힘은 또 《나툼새》와 《시김새》를 미묘하게 드러낸다. 그것은 '정선아리랑'이기도 하고 〈여량〉이기도 하다. 또 결국은 〈정치-경제-종교-과학-문화의 힘〉이다.

그것은 새로운 맥脈, 즉 〈복승〉의 출현인 것이다. 그러므로 우리가 이제 바야흐로 〈서다림〉을 중심으로 화엄경을 그야말로 획기적으로 재창조해야 하는 것이다. 그야말로 〈복승〉이니 《참 개벽開闢》이다.

⑫ 김탄허본金呑虛本 『신화엄경합론新華嚴經合論』 제16권
이세간품離世間品 제삼십팔지육 第三十八之六 p.32, 253

"보살마가살菩薩摩訶薩이 유십종불업有十種佛業하니 하등何等이 위십爲十고 소위수시개도所謂隨時開導 시불업是佛業이니 영정수행고令正修行故며 몽중령견夢中令見이 시불업是佛業이니 각석선근고覺昔善根故며 위타연설소미문경爲他演說所未聞經이 시불업是佛業이니 영생지단의고令生智斷疑故며 위회전소전자爲悔纏所纏者하야 설출이법說出離法이 시불업是佛業이니 영이의심고令離疑心故며 약유중생若有衆生이 기간린심起慳悋心과 내지악혜심乃至惡慧心과 이승심二乘心과 손해심損害心과 의혹심疑惑心과 산동심散動心과 교만심驕慢心과 위현여래중상장엄신爲現如來衆相莊嚴身이 시불업是佛業이니 생장과거선근고生長過去善根故며……"

"보살마가살菩薩摩訶薩이 십종十種의 불업佛業이 있으니(소疏, 二에

십종불업十種佛業이 있음은 곧 이 성행成行이니 전前엔 불체佛體를 봄이요 금今엔 불인佛因을 변辨함이다. 또 행行이 불행佛行을 순順할새 고故로 이름이 불업佛業이니 불佛은 이생利生으로써 사업事業을 삼는 연고다) 무엇이 십十이 되는고 이른바 시時를 따라 개도開導함이 이 불업佛業이니 하여금 정正히 수행脩行케 하는 연고며, 몽중夢中에 하여금 보게함이 이 불업佛業이니 옛 선근善根을 각覺하는 연고며(소疏. 십중十中에 초총初總이요 여별餘別이다. 또 종별種別이 합습해 오대五對가 되나니 一은 각도覺導와 몽화夢化가 대對다) 타他를 위爲해 듣지 못한 바 경經을 연설演說함이 이 불업佛業이니 하여금 지智를 내어 의疑를 끊게 하는 연고며, 회전悔纏의 전纏한 바인 자者를 위爲하여 출리법出離法을 설說함이 이 불업佛業이 되나니 하여금 의심疑心을 여의게 하는 연고며 (소疏, 이二는 개전開纏과 정계淨戒가 대對니 범계犯戒에 의회疑悔할새 고故로 피전彼纏이 되고 그로 하여금 참제懺除할새 고故로 이름이 출리出離. 계戒는 다종多種이 유有하며 출리出離도 또한 많으나 총상總相으로 말하면 이종二種에 불과不過하니 일一은 사事요 이二는 리理니 사事는 경중輕重의 편취篇聚를 따라 회제悔除함이요 이理는 성공性空을 관觀함이 이 진봉률眞奉律이니 만일 이二를 구具할진댄 죄罪를 여의지 않음이 없다. 또 저 유가구십수瑜伽九十九에 오악작五惡作이 유有하니 곧 이 회전悔纏이니 일一은 이르되 이 사유思惟를 짓고 후後에 결정決定코 자책自責함이요 이二는 제천諸天이 가책呵責함이요 삼三은 대사동행大師同行이 책責함이요 사四는 악명惡名이 유포流布함이요 오五는 악취惡趣에 사타死墮함이다. 또한 오상五相이 유有하여 능能히 이 악작惡作을 제除하나니 이르되 불佛이 환정還淨을 허許하는 연고며 무지등無知等에 유由함을 내가 이미 멸滅한 연고며 당래當來에 무범경無犯竟을 내가 이미 생生한 연고며 이미 동범행同梵行에 회悔한 연고며 불설佛說한 회제悔除로 선善을 삼고 악작상속惡作相續으로써 개개蓋를 삼는 연고다. 여餘는 정명제일淨名第一과 및 수호품隨好品에 변辨함과 같다. 우유가구십구하又瑜伽九十九下는 정계淨戒를 중석重釋함이니 선先은 소치所治를 거擧함이요 후後에 역유오상하亦有五相下는 그 능치能治를 거擧함이니 차오此五를 또한 가可히 전오前五에 대對할진댄 오직 삼三·사四가 차제次祭치 않다. 일一은 불허환정佛許還淨을 유由할새 고故로 자책自責치 않음이요 이二는 무지無知를 멸滅함을 유由할새 천天의 소가所呵를 불구不懼함이요 삼三은 무범無犯의 의意를 이생已生할새 악명惡名을 불구不懼함이요 사四는 동행同行에 회悔할새 동행同行의 책責을 불구不懼함이요 오五는 불佛이 회제悔除를 허許한 고故로 악도惡道를 불구不懼함이어니와 그 실의實義는 차오此五가 통통히 전오前五를 능치能治함이다) 만일 중생衆生이 있어 간린심慳悋心과 내지乃至 악혜심惡慧心과 이승심二乘心과 손해심損害心과 의혹심疑惑心과 산동심散動心과 교만심驕慢心을 기起하면 위爲해 여래如來의 중상장엄신衆相莊嚴身을 현現함이 이 불업佛業이니 과거선근過去善根을 생장生長하는 연고며, 정법正法을 만나기 어려울 때에 널리 위爲해 설법說法하여 그로 하여금 문聞해 마치고 타라니지陀羅尼智와 신통지神通智를 얻어서 널리 능히 무량중생無量衆生을 이롭게 함이 이 불업佛業이니 승해勝解가 청정淸淨한 연고며(소疏. 三은 현상現相과 설법說法이 대對니 현상 중에 여래상如來相이 문도文度로 좇아 남을 유由할새 고故로 육폐六蔽를 제除하고 이 수승殊勝을 볼새 이승二乘을 바라지 않고 자선근慈善根을 보아서 결코 존승尊勝을 알며 심불경心佛境에 주住하여 위광威光을 자천自天할 새 고로 무해등無害等이다) 만일 마사魔事가 기起함이 있거든 능能히 방편方便으로써 처공계등處空界等 성聲을 현현現現하여 타他를 손뇌損惱치 않는 법을 설설設說해서 써 대치對治하여 그로 하여금 개오開悟케 하면 중마衆魔가 문聞해 마치매 멸광滅光이 헐멸歇威함이 이 불업佛業이니 지락志樂이 수승殊勝하여 위엄威德이 큰 연고며, 그 마음이 무간無間해서 늘 스스로 수호守護하여 하여금 이승정위二乘正位에 증인證人치 않게 하며 만일 衆生이 있어 根性이 未熟하면 마침내 위爲해 해탈경계解脫境界를 설설設說하지 않음이 이 불업佛業이니 本願본원의 소작所作인 연고며(소疏. 四는 강마降魔와 호소護小가 대對다) 생사결루生死結漏를 일체一切를 다 여의고 보살행菩薩行을 닦되 상속불단相續不斷하여 대비심大悲心으로써 중생을 섭취攝取해서 그로 하여금 행행行을 기起하여 구경究竟에 해탈解脫케 함이 이 불업佛業이니 보살행菩薩行을 수행修行함을 단斷치 않는 연고며, 보살마가살菩薩摩訶薩이 자신自身과 및 써 중생衆生이 본래숙멸本來寂滅함을 요달了達하여 불경불포不驚不怖하되 복지福智를 근수勤修하여 염족厭足이 없으며 비록 일체법一切法이 조작造作이 없음을 아나 또한 제법자상諸法自相을 버리지 않으며 비록 모든 경계境界에 탐욕貪慾을 영리永離하나 늘 제불색신諸佛色身을 섬봉瞻奉함을 즐겨하며 비록 타他를 유由치 않고 법法에 오입悟入함을 아나 종종種種 방편方便으로 일체지一切智를 求하며 비록 모든 국토國土가 다 허공虛空과 같음을 아나 늘 일체불찰一切佛刹을 장엄莊嚴함을 즐겨하며 비록 늘 무인무아無人無我를 관찰觀察하나 중생衆生을 교화敎化하여 피염疲厭이 없으며 비록 법계法界에 본래부동本來不動하나 신통지력神通智力으로써 중변화衆變化를 현현現하며 비록 이미 일체지지一切智智를 성취成就했으나 보살행菩薩行을 닦아서 휴식休息이 없으며 비록 제법諸法이 불가언설不可言說임을 아나 정법륜淨法輪을 전전轉하며 중심衆心으로 하여금 환희歡喜케 하며 비록 능能히 제불신력諸佛神力을 시현示現하나 보살菩薩의 몸을 염사厭捨치 않으며 비록 대반열반大般涅槃에 입入함을 현현現하나 일체처一切處에 수생受生을 시현示現하여 능能히 이같은 권실쌍행법權實雙行法을 지음이 이 불업佛業이라(소疏. 오五는 비섭悲攝과 쌍행雙行이 대對다. 쌍행중雙行中에 십이구十二句가 유有하니 초일初一은 무작사체無作四諦를 총명總明함이다. 불경포不驚怖란 것은 망감妄感은 본무금유고本無今有故로 응경應驚이요 망고妄苦는 핍해신심고逼害身心故로 응포應怖어늘 금今엔 다 본적本寂을 료了하여 곧 멸리滅理와 같을새 고로 경포驚怖치 않음이니 비록 본적本迹을 료了하나 복지福智를 수수修하여 능치도能治道를 삼음이다. 여십일구별중餘十一句別中에 초일初一은 약고約苦요 차일次一은 약업約業이요 차팔次八은 약도約道요 후일後一은 약멸約滅이니 문文은 아울러 가可히 알지라). 이것이 십十이 되나니 만일 모든 보살이 그 중에 안주安住하면 곧 타인교시他人敎示를 유由치 않는 무상무사無上無師의 광대업廣大業을 얻나니라.

이 모든 구체적 가르침이 오늘 시대의 삶에, 그리고 앞으로 오는 우주적 삶에 있어서 과연 무엇을 깨닫게 해줄 것인가?

아마도 거대한 놀라움이 먼저 올 것이다.

무엇일까?

그렇다. 〈서다림〉의 이 부분의 의혹이 구체적 자기실현을 실시한 것은 일곱 번.

신라 말에 한 번,

고려 때에 세 번,

이조 초에 두 번,

그리고 오늘에 다시 한 번이다.

그것이 이렇다.

'진성여왕시기'에 큰 학자였던 '변말리(卞沫浬)'가 〈섭(곡식을 불에 태워 그 찌꺼기로 기이한 약품 수십 종을 마련한 방법)〉을 취하는 과정에서 여러 형태의 이른바 〈악업惡業〉을 자행恣行한다.

그러나 그 행위가 목표로 하는 〈참으로 아름답고 거룩한 약업藥業의 힘듦〉을 생각한다면 그것이 그대로 악惡이 되고 마魔가 되는 것일까? 그래서 여러 수행자修行者들이 이런 경우를 들어 《수무리脩無利》라고 했다.

'수무리!' 이것을 오늘에 잘 생각해 보아야 한다.

'수무리'는 곧 〈아무것도 없는 무無에 가까운 것을 수련하는 것의 큰 이로움〉이다. 〈악이 이利롭게 되는 이치〉가 바로 〈수脩〉 즉 〈부처님 가르침 따름〉 즉 〈모심〉안에 있다.

왜 그러한가? 이것을 알아야 한다.

알 수 있겠는가? 알기 위해서는 어찌해야 하는가?

여기에 불교의 핵심이 도사리고 있다. 그리고 〈서다림의 비밀〉이 온통 숨어있다. 바로 이것이 〈섭〉에 나올 것이다.

〈약〉이다.

생명,

운기運氣,

상서祥瑞

이 셋이 바로 약藥이다.

약은 그대로 '慈悲(자비력)'인 것이다. 이것이 '신라 말의 한번 실현'이다.

둘은 세 가지, 고려 때다.

그것은 우선 〈화엄대승華嚴大乘의 길〉과 깊이 관련된다.

왜?

삼단계의 '화엄 수련장'에 직결돼 있기 때문이다.

①연명리淵明里 화승인和僧印의 도인導引(지금의 강원도 화천)

②세조동細鳥洞 대사악大寺嶽 개인전開人殿 체험(지금의 경기도 소백산)

③시화동사侍和峝寺 인지방仁地方체험 (지금의 가평)

①은 지금의 강원도 화천 연평리 벌판의 옛 절터자리. '빈 애리터'의 시커먼 무생(無生·풀이 자라지 않는 곳)〉이다. 왜? 이곳에서 마찬가지 큰 〈섭〉이 늘 있었다. 중들이 약을 만들었다.

②소백산 죽령 근처의 한 작은 마을자리. 〈세모리〉라는 곳의 바로 그 〈섭자리〉로서 지금까지도 시커멓다.

③가평엔 아직 이 절 자리가 남아있다. 인근 주민들의 동네 화합 행사자리로 '섭'의 기억이 좋은 전통으로 기억되고 있다.

그리고 이조 초기의 두 가지.

1. 세종世宗 당시의 유명한 '씹쟁이 부인' 〈어울우동〉의 한 벽사壁事(희한한 깨끗함)이다. 제 애인인 한 종가宗家집의 무명(일부러 이름을 숨김) 중인仲人(큰선비)의 큰산(일종의 부처나 신선 모습)을 본 것이다. 이것을 어울우동이 꺼림없이 사방에 공표한 것이다.

이것이 무엇일까?

그녀의 〈씹〉은 그냥 씹에 불과不過할까? 애먼 그 씹 안에 생긴 일종의 〈복승複勝의 산알(김봉한金鳳漢의 심층경락深層經絡의 '사리' 같은 것)〉일까?

이른바 당대當代 손사막孫思邈의 〈천응혈天應穴〉이나 〈아시혈我是穴〉일까?

〈약천藥天〉일까? 이른바 김봉한의 〈회음뇌會陰腦〉인가?

심각한 일이다.

그렇다. 사건 자체로서도 심각하고 심오하다.

임윤지당任允摯堂의 〈요액妖液〉이나 최해월崔海月의 이른바 〈개벽의 월경月經〉에 해당한다.

이것을 그냥 지나칠 것인가?

〈요액〉을 그냥 지나치는 것은 그야말로 '룸펜과학'에 불과하다. 이제부터 과학도 정신을 바짝 차려야한다. 안 그러면 그런 '룸펜과학'을 어디에 써먹으랴!

윤초閏秒(윤초·윤달이 사라지는, 태양력 중심 '365일'이 달력중심 '360일' 정역正曆으로 바뀌는, 이른바 춘분春分·추분秋分 중심의 '4천

년 유리세계'의 시작, 약 10년 전부터 이미 시작)와 함께
"한 달에 보름달이 두 번씩 떠오른다."
조선일보 (2015년 8월 1일)는 3년 만에 뜬 '블루문'을 보도했다.
"30일(현지 시각) 미국 미주리 주 캔자스시티의 한 놀이공원에서 놀이기구를 타고 있는 시민 뒤로 보름달이 떠 있다. 이날 뜬 달은 이 달 들어 두 번째 뜬 보름달이다. 한 달에 보름달이 두 번 뜨는 것을 '블루문'이라고 부른다.
달의 공전주기 (29. 5일)가 양력의 한 달보다 짧아 나타나는 현상으로 1일이나 2일에 보름달이 뜨고 난 뒤 같은 달 30일이나 31일에 한 번 더 뜨는 것이다. 2~3년에 한 번씩 나타나며 이번 블루문은 2012년 8월 이후 3년만이다.
한국에서는 31일 밤 블루문이 떴다."

누가 누구더러 '이것이 우주의 진리이다.' 라고 말할 수 있는 시대는 이미 아니다. 그런 말해서 들을 사람도 없다.
그러나 그런 말 죄다 허튼 소리가 되는 때도 전혀 아닌 것이 바로 지금 〈현대現代〉다. 그렇다면 불과 한 달 전 보도된 〈윤초閏秒〉와 바로 엊그제 보도된 〈블루문〉을 지금 우리가 다루고 있는 〈서다림誓多林〉의 '현대現代와 우주연관'을 보다 확고히 하기 위해 '확증確證' 해야만 한다.
우선 〈정력正曆을 다룬 정역계正易系 이론〉, 그리고 NASA의 문서文書들, 또 '서다림逝多林'에 연관된 불교적 화엄우주론이다.
먼저 '블루문' 이야기다.

'블루문'은 '파란 달'이라기보다 〈한 달에 두 번 뜨는 달〉즉 지금은 사라진 영어단어 〈belewe〉에서 유래했다. 〈belewe〉는 '배신하다'는 의미를 갖고 있기 때문에, '블루문'이란 용어가 처음 등장했을 때는 '배신자 달'이라는 뜻으로 통용됐다.

"서양에선 한 달에 보름달이 두 번이나 뜨는 것은 자연의 섭리를 거스르는 불길한 현상이라고" 생각했다.(2015년 8월 4일 조선일보) 그 때문에 두 번째 보름달의 진실을 거스르는 배신자 같은 존재로 여겨졌다.

1524년(?) 기독교 성직자들의 권위를 강하게 비판하는 선전물에도 이러한 뜻으로 쓰인 '블루문'이라는 용어가 등장한다. 이 책자에는 "성직자들이 달을 가리켜 '저 달은 배신자다.(the moon is betrayer)'라고 하면, 사람들은 그 말을 사실로 받아들여야 한다."라고 적혀있다. 하지만 시간이 흘러 'believe'라는 단어가 사라지면서 'believe moon'은 발음이 비슷한 'blue'로 표기가 대체돼 오늘날까지 이어지고 있다는 것이다. (오윤희 기자)

왜 이런 현상이 나타나는가?
그렇다.
'윤달'과 〈윤초閏秒〉, 그리고 그것이 바탕이 된 '그레고리안'이나 '율리우스' 등의 2000년 전 로마 태양력太陽曆의 〈365일 1/4〉체제와 개벽과 함께, 월력月曆과 함께 〈360일〉 체제가 드러나는 정역正易이 시작,
그리고 그와 함께 시작하는 "춘분春分·추분秋分 중심의 4천 년 '유리세계'의 이른바 〈대화엄개벽〉"을 말하지 않을 수 없다.

이제 시작이다. 내가 누구이든 간에, 또 세월이 무엇을 목적으로 집중되었든 간에, 〈우주는 분명 밑에 숨어있는 그 근본 동력인 생명生命의 힘을 솟구치도록 들어 올리고 있다.〉

이른바 오운육기론五運六氣論의 〈복승復勝〉같은 것이다. 그러나 오늘 우리는 이 〈복승〉도 다시 치밀히 새 해석을 가해야 한다.

〈복승〉이 문제다. 아직도 복승이 여전한 우주생명학인가?

'복復'과 '승勝'! 아니지 않는가!

그렇다면 이것은 무엇인가? 무엇이라 해야 하는가?

자! 내가 이제부터 늘어놓는 이론은 이론이라기보다 하나의 '천하天下의 떠도는 한 기이한 기운' 같은 것으로 보아도 좋다. 그러나 만약 그것이 참으로 현실적 가능성의 미래를 열어갈 능력이 있다면 그것은 이제 '천상天上'이니 '기이한 기운' 따위가 아니라 도솔천의 한 부처의 명계冥界라고 보아야 한다. 이미 그것은 〈서다림급고독원逝多林給孤獨園〉에서 (내 생각으로는 벌써) 정착定着된 것이다.

도리어 우리가 이제야 늦게 그것을 〈빼먹은 상태〉에서 《해방》하는 것이라 해야겠다. 다음이다.

〈복승復勝〉은 물론 애당초 중국의 고대역학사상古代易學思想인 〈오운육기론五運六氣論〉의 개념이다.

그러나 〈밑에 숨어있던 근원우주적인 생명력이 어떤 결정적인 기회에 순식간에 한 계기契機를 타고 솟아올라 오는 현상〉이니 오직 오운육기론五運六氣論에만 한정된 것은 아니다. 불교는 물론이고 서양西洋에도 있다. 다만 그것을 이론화한 것이 오음五陰 등의 중국의 〈운기사상運氣思想〉이란 말이다.

⑬ 김탄허본金呑虛本『신화엄경합론新華嚴經合論』제16권
이세간품離世間品 제삼십팔지육第三十八之六 p.32,268

보살마가살普薩摩訶薩이 입해태시入海胎時에 정념정지正念正知하야 무유미혹無有迷惑하며 주모태이住母胎已에 심항정념心恒正念하야 역무착란亦無錯亂이 시위제삼사是爲第三事요 보살마가살普薩摩訶薩이 주모태중住母胎中하야 상연설법常演說法에 십방세계제대보살十方世界諸大普薩과 석범사왕釋梵四王이 개례집회皆來集會어든 실령획득무량신력悉令獲得無量神力과 무변지혜無邊智慧하나니 보살普薩이 처태處胎하야 성취여시변재승용成就如是辯才勝用이 시위제사사是爲第四事요 보살마가살보살마하살普薩摩訶薩이 재모태중在母胎中에 집대중회集大衆會하야 이본원력以本願力으로 교화일체제보살중敎化一切諸普薩衆이 시위제오사是爲第五事요 보살마가살普薩摩訶薩이 어인중성불於人中成佛에 응구인간최승수생應具人間最勝受生이니 이차시현처어모태以此示現處於母胎 시위제육사是爲第六事요 보살마가살普薩摩訶薩이 재모태중在母胎中에 삼천대천세계중생三千大千世界衆生이 실견보살悉見普薩호대 여명경중如明鏡中에 견기면상見其面像하나니 이시爾時에 대심천용야차건달파아수라가루나긴나라마후나가인비인등大心天龍夜叉乾闥婆阿修羅迦樓羅緊那羅摩睺羅伽人非人等이 개예보살皆詣普薩하야 공경공양恭敬供養이 시위제칠사是爲第七事요 보살마가살普薩摩訶薩이 재모태중在母胎中에 타방세계일체최후생보살他方世界一切最後生普薩이 재모태자在母胎者 개래공회皆來共會하야 설대집법문說大集法門하나니 명광대지혜장名廣大智慧藏이니 시위제팔사是爲第八事요 보살마가살普薩摩訶薩이 재모태시在母胎時에 입리구장삼매入離垢藏三昧하야 이삼매력以三昧力으로 어모태중於母胎中에 현대궁전現大宮殿호대 종종엄식種種嚴飾이 실개묘호悉皆妙好하야 도솔천궁兜率天宮으로 부가위비不可爲比나 이령모신而令母身으로 안은무환安隱無患이 시위제구사是爲第九事요 보살마가살菩薩摩訶薩이 주모태시住母胎時에 이대위력以大威力으로 흥공양구興供養具하나니 명개대복덕리구장名開大福德離垢藏이라 보편십방일체세계普徧十方一切世界하야 공양일체제불여래供養一切諸佛如來어든 피제여래彼諸如來 함위연설무변보살주처법계장咸爲演說無邊菩薩住處法界藏이 시위제십사是爲第十事니라 불자佛子야 시위보살마가살是爲菩薩摩訶薩의 시현처태십종사示現處胎十種事니 약제보살若諸菩薩이 료달차법了達此法하면 즉능시현심미세취則能示現甚微細趣니라

보살마가살菩薩摩訶薩이 모태母胎에 입入할때에 정념정지正念正知하여 미혹迷惑이 없으며 모태母胎에 주住해 마치매 마음이 늘 정념正念하여 또한 착란錯亂이 없음이 이 제3사第三事가 되고(소소疏, 삼三은 삼시무란三時無亂이니 출시무란出時無亂은 후천생後初生에 재在한 연고다. 구사세품俱舍世品에 윤왕輪王을 오직 입入에 무란無亂이요 연각緣覺은 주住를 겸兼하고 오직 불佛은 삼시무란三時無亂이니 복지福智가 구승俱勝한 연고라 밝혔으니 유가瑜伽도 차此와 같다. 상上의 삼연三緣은 소교小敎에도 또한 설說하고 차하사사次下四事는 권교대승權敎大乘을 겸兼함이다) 보살마가살菩薩摩訶薩이 모태중母胎中에 있어서 늘 법法을 연설演說하매 십방세계十方世界의 제대보살諸大菩薩과 석·범·사왕釋·梵·四王이 다 와 집회集會하거든 다 하여금 무량신력無量神力과 무변지혜無邊智慧를 획득獲得케 하나니 보살이 태胎에 처處하여 이같은 변재승용辯才勝用을 성취成就함이 이 제4사第四事가 되고(소소疏, 사四는 또 법法

을 연연演해 물물物을 이익利益케 함이다) 보살마가살普薩摩訶薩이 모태중母胎中에 계실새 대중회大衆會를 집집하여 본원력本願力으로써 일체보살중一切菩薩衆을 교화敎化함이 이 제5사第五事가 되고(소소疏, 오五는 원원願을 승승乘해 중생衆生을 화화함이다. ○초오승원화생○초五乘願化生이란 것은 몰생沒生이 아님을 밝힘이다) 보살마가살普薩摩訶薩이 인중人中에 성불成佛하매 응당應當 인간人間에 최승수생最勝受生을 갖추나니 이로써 모태母胎에 처처處함을 시현示現함이 이 제6사第六事가 되고(소소疏, 육六은 胎의 생만生慢을 파파破함이니 누가 능히 불佛에 종족種族을 교시驕恃하랴. ○초○초 진능어불進能於佛이란 것은 단응경瑞應經에 이르되 겁초劫初로 좇아 이래已來로 대대代代에 상승相承하여 전륜성왕轉輪聖王을 짓다가 근래近來에 사대四代는 비록 전륜성왕轉輪聖王을 짓지 못했으나 인중人中의 왕을 지으니 분명히 이 만대금륜萬代金輪의 종종일새 고故로 종족種族이 무상無上이라 했다) 보살마가살普薩摩訶薩이 모태중母胎中에 계실 때 삼천대천세계중생三千大千世界衆生이 다 보살普薩을 보되 명경중明鏡中에 그 면상面像을 봄과 같이 하나니 이시爾時에 대심大心인 천·용天·龍과 야차夜叉와 건달파乾闥婆와 아수라阿修羅와 가루라迦樓羅와 긴나라緊那羅와 마후라가摩睺羅伽와 인人과 비인등非人等이 다 보살普薩에 예예詣하여 공경공양恭敬供養함이 이 제7사第七事가 되고 (소소疏. 칠七은 태장胎藏이 불격不隔이니 고故로 대심大心으로 하여금 동도同睹케 함이다. 後의 삼연三緣은 오직 실교實敎에 유有함이다) 보살마가살普薩摩訶薩이 모태중母胎中에 계실제 지방세계地方世界의 일체최후생보살一切最後生菩薩이 모태母胎에 있는 자者가 다 와 공회共會하여 대집법문大集法集을 설설說하나니 광대지혜장廣大智慧藏이 제8사第八

사가 되고(소疏, 팔八은 동류공집同類共集이니 지혜장智慧藏을 설설함이 태장胎藏이 되는 연고다. 초초鈔. 설지혜장說智慧藏이란 것은 지덕생불智德生佛을 현현顯함이니 써 이구장離垢藏은 곧 이 단덕斷德이요 써 상계장上界藏은 곧 오장五藏의 一이니 왕王히 법신法身이요 팔八은 곧 반야般若요 구九는 곧 해탈解脫이니 이에 삼덕三德을 용用하여 태장胎藏을 삼음이다. 고故로 하소下疏엔 합해 능소증能所證을 삼으니 지智와 다못 단斷은 다 능증能證이다.) 보살마가살普薩摩訶薩이 모태母胎에 계실 때에 이구장삼매離垢藏三昧에 들어서 삼매력三昧力으로써 모태중母胎中에 대궁전大宮殿을 현현하되 종종種種의 엄식嚴飾이 다 묘묘妙妙하여 도솔천궁兜率天宮으로 가可히 비比하지 못하나 모신母身으로 하여금 안온安穩해 환란患亂이 없게 함이 이 제9사第九事가 되고(소疏, 구九는 정력定力으로 장엄嚴嚴을 현현함이니 이구장離垢藏으로써 태장胎藏을 삼는 연고다) 보살마가살普薩摩訶薩이 모태母胎에 주住할 때에 대위력大威力으로써 공양구供養具를 흥기興起하나니 이름이 개대복덕리구장開大福德離垢藏이라 십방일체세계十方一切世界에 보편普遍하여 일체제불여래一切諸佛如來께 공양供養하거든 저 모든 여래如來가 다 위爲해 무변보살주처법계장無邊普薩住處法界藏을 연설演說함이 이 제10사第十事가 되나니라 (소疏, 십十은 흥공문법興供聞法이니 법계장法界藏으로써 태장胎藏을 삼는 연고다. 차일此一은 이 총總이요 팔구八九는 곧 법계法界의 별別의 의意니 법계적연法界寂然은 이 리구離垢의 의義요 적이상조寂而常照는 이 지혜의智慧義다. 또 전이前二는 이 능증能證이요 후일後一은 소증所證이니 능소能所가 명합冥合하여 제불諸佛이 생생生하는 연고다. 또 전이前二는 소小를 불괴不壞하고 광용廣容함이요 후일後一은 차此에 불동不動하고 보편普遍함이니 이같이 자재自在함이 이 불생佛生인 연고다). 불자佛子야 이것이 보살마가살菩薩摩訶薩의 처태處胎를 시현示現하는 십종사十種事가 되나니 만일 모든 보살菩薩이 비법此法을 요달了達하면 곧 능히 심미세취甚微細趣를 시현示現하나니라.

화엄경 인용은 끝이 났다.
그러나 이쯤에서 '복승複勝'과 '보살모태생菩薩母胎生'의 동일同一한 《우주생명학》을 깨달을 수 있을까?
참으로 이 '태생胎生'과정에서 운기론運氣論의 우주적 구조를 납득하지 않는다면 〈우주의 생명학적 의미〉는 "없다"!
그래도 될까?
바로 여기에 이내 2500여 년 전, 석가모니 부처의 걱정시린 지혜의 가르침이 있을 것이다. 무엇이냐?
"남무본무림南無本舞林 왈曰 시세배치時勢輩痴 저구풍관求風〈지지림(志持臨, 제 뜻을 송곳처럼 세우려 드는 지리멸렬)〉지지향해소之志向解消"
무엇일까?
어떤 새롭고 근본적으로 창조적인 지향이 불쑥 솟아오르는 경향이다. 바로 이것이 보살의 출생이니 그 출생자체가 이미 〈복승複勝〉인 것이다.
부처님은 어디에서 이같이 밝혔을까? 바로 법화경法華經의 이른바 〈이십이사유二十二事有〉라고 흔히 부르는 바로 "여성女性수행자 수행 (임신 등을 수행과정으로 인식)"부분에서 그 수행의 "우주생명학"을

〈암시적으로 들어올림〉에서 밝혔다.

이제 그것이 일반적 교리 등에서는 어찌 적용되는지 이치적으로 밝히기로 한다.

금강경金剛經 28장章에서,

"이장개재二障皆在 어모태시육於母胎是育 왈장曰章, 해야諧也"

장章과 해諧다.

〈산아질병〉과 〈생육필모육〉,

'어린애가 가진 병'과 '애를 키우는 데에 필요한 어미의 육체적 건강'이다. 누구나 아는 문제다. 그러나 출산出産이 그것을 어찌 극복하는지 보자!

〈복승複勝〉이다. 어떻게? 다음과 같다.

"초신채草新菜(풀뿌리가 풀잎을 바꿈)"라는 근원적으로는 〈물의 작용〉이 있다. 이것이 곧 〈복승〉이다. 그리고 신체身體 안에서도 일어난다.

즉 흔히 경락經絡이라 불리는 '이상한 탄생사태'가 나타난다. 물론 그 원인은 흔히 지형地形, 일기日氣, 식생활食生活과 환경 따위가 새로 제기되거니와 근원은 〈복승〉, 즉 그 "숨겨진 근원적 조건의 솟아남"이다.

그것이 무엇인가? 그리고 그것을 무엇이라 하는가?

무엇이 이 경우 큰 문제가 될 것인가? 다음이다.

즉 〈실오라기도 걸치지 않은 벌거벗은 몸에 그 근본을 알 수 없는 '살도드락' 즉 일궁의 '옴'이 솟는 것〉 바로 이것이다.

이 '옴'이 바로 〈복승〉인 것이다.

누가 말인가?

어미의 몸인가? 아니다 '아기의 몸'에서다.

기이하다. 이것이 무엇일까? 이것을 한번 따져보자.

이른바 'masishcciaha 핵'이라 부르는 희귀한 산소정류등酸素靜流燈이라는 하나의 필연채소수술必然彩素手術형식이다. 어렵다.

어렵지만 창조 방향으로 돌파해나가는 것, 〈복승複勝〉을 엄연한 우주적인 생명현상으로 실현하는 것이 곧 새 문명文明의 창조다. (우리는 바로 우리가 선 이 땅에 새로운 시대의 〈우주생명의 문명〉을 창조해야 한다.)

'이 땅이 구체적으로 어디를 말하는지 잘 판단해야 한다.'

왜? 그 땅은 곧 '어미의 몸'처럼 구체적인 복승이 일어나는 특수한 땅일 것이기 때문이다. (물론 그럼에도 '대중적'인 그러한 땅이겠지만……)

나에게 있어 오늘날 가장 소중한 복승형태는 물론 〈우주적 복승〉이다. 그러므로 우주생명학에서 참으로 소중한 영역이 되는 것이다. 땅은 이런 종류의 '우발적偶發的'인 자연의 사례事例가 비일비재非一非再한 것도 사실이나 그럼에도 〈복승〉, 특히 오운육기론五運六氣論에서 강조하고 있는 '운용기습비류運用氣習非謬' 형식 (운을 사용하면서도 우를 습관 하는 것이 오류는 아니다)이 뜻하는 바,

〈운기일용습運氣一用習〉를 어떻게 현대·초현대의 대개벽기大開闢期의 창조적 우주 복승複勝으로 전환할 수 있는가 이다. 바로 이 〈전환〉이 주요 초점이다.

〈전환〉을 생각해 보자!

"용청보살蓉淸菩薩이 안주비법安住比法하면

즉능출이일체마도則能出離一切魔道니라"

(여러 보살이 만약 이 법에 안주하면 일체 악마의 길에서 뛰어나와 솟아오를 수 있다. 김탄허金呑虛 신화엄新華嚴 제17권 p.32. 256)

"이 법"이 무엇인가? '서다림逝多林'에 있는 〈종번애지이타종고綜繁哀志利他種苦(일정한 고통에 대한 아파하는 마음을 다른 종류의 고통에로 슬쩍 옮겨서 적용하는 위선)〉를 말한다.

이것은 안 된다. 실제 이런 일이 없을 것 같으나 동서東西의 직업적 성직자聖職者들 에겐 흔해빠진 위선이다. 바로 이 〈위선〉을 두고 《성직마행聖職魔行》이라 부른다.

이래도 좋은가? 좋다는 사람은 손들어 보라.

그 손이 당장 시커멓게 썩을 것이다. 안 썩는다면 거기 필시 또 하나의 〈마행魔行〉, 즉 '야바우'가 있을 것이다.

다름 아니라 이제까지의 인류역사는 결국 이 〈마행〉과 '야바우'에 의해 썩어온 것이고 잘못돼 온 것이다. 《서다림逝多林의 역易》은 이제 한 마디로 바로 이 역사의 오류를 근본에서 바로잡는 일이다.

아닌 것 같은가? 하나하나 들추어지며 비판할 것까지는 없다. 그런 일은 곧 뒤따라 나올 것이다.

〈개벽〉에는 그런 것이다. 강렬한 〈종교와 정치와 철학의 자기비판〉이 뒤이어 계속될 것이다. 그것 없이는 《참다운 빛의 문화文化》가 밝아올 수 없다. 이제 참으로 〈화엄역華嚴易〉 즉 〈우주생명학〉이란 이름의 미학美學이 빛을 발해야 한다.

이제까지는 모두 과정이고 시행착오였다. 그리고 이제 참으로 대

우주개벽의 참 문명文明과 문화文化의 싹은 〈한반도의 동쪽〉, 이제껏 말해온 강원도의 몇 곳(풍점, 골덕내, 연포, 의림지, 월악산, 미륵산, 아우라지 등등)에서 "복승複勝할 것이다."

최근 '환 동해 문명사'(주강현)라는 책이 출간되었다. 동해를 중심으로 한 지역 문명을 해양사관으로 정리했단다. 한반도를 대륙과 바다를 연결하는 '해륙국가'의 자리로 정리했다고 한다. 귀한 노력이다. 그러나 중요한 것은 백두대간의 산수와 해양이 연결된 토지를 중심으로 한 해양관계라야 한다.

'해륙사관'은 바다에의 진출을 목표로 하는 현대사, 현대경제사, 현대문화사적인 목적의식에도 너무 기울기 때문이다.

따라서 〈역易〉이 〈경經〉와 함께 〈미학〉을 다루어야 한다.

그렇지 않으면 동쪽의 "여량복승餘糧複勝"이라는 동일층東一層의 '산알'을 뜨지 않는다. 묘묘妙妙한 〈풍점-골덕내〉의 궁궁명弓弓冥은 산알로 떠오르지 않는다.

바로 이 궁궁명이야말로 남세간南世間에 약간의 공간적 거리가 떨어져 있긴 하나 〈산맥山脈이 아닌 산계山系로써〉 분명 새 시대의 〈우주생명학〉인 살아있는 실체로서 우뚝, 묘묘妙妙하게 복승할 것이 틀림없다.

다만 우리가 이를 새 시대의 《우주생명학이라는 화엄역의 미학美學》으로 대응하고 기다려야만 그 복승은 현실화한다.

〈현대화의 미래〉따위 낡아빠진 "개발"론 따위로는 어림없다. 바로 지금 진행되는 '강원도 개발론'은 바로 이것 이외에 아무것도 아니다. 영험한, 묘묘妙妙한 산개 밑에 끊임없이 더러운 고층 아파트를 줄줄이 지어놓는 따위다. 도시와 길, 그 지역 전체, 그리고 집 전체로부터 지기地氣과 운기運氣가 모조리 탈락해서 그야말로 〈꽝〉이다.

〈꽝〉이 구체적으로 무엇인가?

본론은 아니지만 몇 가지 실제적 사태를 들어 말하겠다.

해운대의 〈백이층짜리 아파트〉와 부산 원주 치악산 행구동의 "갈래없는 덮어놓고 고층아파트"등. 도무지 산기山氣, 지기地氣 그리고 수기水氣와 운기運氣따위는 아예 살피지도 않고 '풍수風水'는 똥이나 먹어라!고 "지랄"하는 건축업 사기꾼들의 "발광"이 바로 〈꽝〉이다. 최창조의 풍수책을 '쾨른 시서市序'의 건축문화가가 참고하여 아파트건축을 철저히 재정비하는 이 시국에 말이다. (15년전) 〈꽝〉이 아닌가!

또 있다.

북한의 핵 공갈이 〈꽝〉인 것은 누구나 다 안다. 그러면 우리나라 야당의 비판은 더 말할 것도 없고 북한 김정은과 일본 아베의 발광은 꽝이 아닌가!

IS의 꽝, 등등등이다. '대개벽'이 틀림없다.

일본 〈아소〉산의 화산과 폭발은 확산되면 일본 열도 자체를 물 속에 집어 넣을 사태라고 한다. 또한 미국의 불과 칠레의 지진은 "8.3"의 강진強震이다. 전 세계의 '기후로 인한 죽음'은 이미 〈500만〉을 넘어서고 있다.

보통일이 아니다. 이 모든 사태를 〈선후천융합대개벽先後天融合大開闢〉이란 어휘로 합일하지 않으면 어떻게 할 것인가?

여기에 대한 〈서다림逝多林〉에 감추어진 《부처님의 방략方略》은 과연 무엇일까? 있기나 있는가?

《있다.》

무엇인가? 그것을 찾아가 보자.

      2015년 을미乙未 9월 18일. 토지문화관에서 〈정선 아리랑〉 발표일

나는 이제껏 나와 내 주변의 (비록 '우주적'이라 하더라도 '제한된') 작은 영역에서 문제의식을 일으켜 왔다. 여기에 분명한 〈경계〉가 있다. 이 점을 명백히 인식하기로 한다. 바로 "이 지점에서" 그 〈서다림〉의 문제 영역이 명백하게 드러나야 하고 또 새로운 〈화엄역華嚴易〉으로 빛을 받아야 한다.

이제 참으로 바로 그 《부처님의 감추어진 지혜와 방략方略》을 서다림으로부터 샅샅이 찾아가 보자.

⑭ 김탄허金呑虛 『신화엄경합론新華嚴經合論』 제17권
이세간품離世間品 제삼십팔지육第三十八之六 p.264
"방대광명放大光明하니 명왈각오名曰覺悟라 보조삼천대천세계普照三千大千世界하야 조피숙세일체동행제보살신照彼宿世一切同行諸菩薩身이어든 피제보살彼諸菩薩이 몽광조蒙光照已에 함지보살咸知菩薩이 장욕하생將欲下生하고 각각출흥무량공구各各出興無量供具하야 예보살소詣菩薩所하야 이위공양而爲供養이 시위제이소시현사是爲第二所示現事요 불자佛子야 보살마가살菩薩摩訶薩이 어도솔천장하생시於兜率天將下生時에 어우장중於右掌中에 방대광명放大光明하니 명청정경계名淸淨境界라 실능엄정일체삼천대천세계悉能嚴淨一切三千大千世界어든 기중其中에 약불각자若不覺者면 광명역고光明力故로 사치타방여세계중徙置他方餘世界中하며 일체제마一切諸魔와 급제외도及諸外道와 유현중생有見衆生을 개역사치타방세계皆亦徙置他方世界호대 유제제불신역소지응화중생唯除諸佛神力所持應化衆生이 시위제삼소시현사是爲第三所示現事요"

이것이 무엇이냐?"

이제 이 글 전체의 방향과 진행을 세 가지로 새롭게 방향 잡을까 한다.

첫째, '서다림逝多林', '오백봉五白封', '신불神佛한 님의 길' 3부작으로 '우주생명학'을 구성하는 원칙은 그대로다.

둘째, 그러나 동·서양의 대표적 우주과학사상을 대중적 미학사상美學思想으로 〈쉽게 일반화一般化〉해서 해설할 것이다.

셋째, 미래의 우주과학과 생명生命의 연관관계는 결코 논리적 타당성 차원에서 전개하지 않는다. 보통 샤머니즘이나 무속巫俗, 아니면 일상적인 건강상식의 대중성(특히 아프리카, 남미南美, 중앙아시아, 산간山間, 섬들의 희귀지역과 동물 및 식물생태계 그리고 공기와 기후차원에서도 인용할 것이다.

단 그렇게 대중적인 인식을 활용하는 데에 있어 반드시 필요한 〈원리〉를 꼭꼭 전제하여야 할 것이다. 그리고 그 〈원리〉에서 우리는 새로운 과학科學의 가능성과 필요를 크게 절감해야만 한다.

(이 문제는 언젠가 다시 논의해야겠다.)

문제는 〈점〉이라는 것, 즉 〈무속〉이다. 이미 유럽에서도 대 유행인 '샤머니즘'이 한국에서는 여럿 무당 푸닥꺼리와 점쟁이들의 '점'으로 크게 부활하고 있고 젊은이들이 유독 들뜨고 있다. 이것은 그대로 둘 수는 없는 유행이다. 그 심각한 문제가 어디에 있는지 찾아보기로 한다.

첫째, 'Astral Ray', 〈우주록宇宙錄〉의 부단한 영향이다. 지난 10년 사이, 그 어떤 이전 지구역사에서도 없었던 우주의 지구와 생명계에 대한 침투, 파급이 요란하고 우주 자체(혹성들)도 질적으로 변화하고 있다. 여러 가지다.

둘째, 지진, 화산, 쓰나미 등 산山과 바다에서의 대운동이 끊임없다. 산과 바다와 토지土地의 연관이 오랜 인류의 "재해"에 토대를 둔 새롭고 첨단적인 우주적인, 새 과학이 등장해야 한다.

《산계학山系學》이 그것이다. (풍수와 구별할 것)

그 이전엔 바로 이같은 무지와 혼란이 걷잡을 수 없을 것이다.

셋째, 인간과 동식물, 그리고 모든 물질과 공기까지 포함한 광범위한 뜻으로서의 《생명生命》이 이제 가장 중요한 세상의 요소로 등장한다. 이것에 대한 추구가 적극화되어야 한다. 〈우주생명학〉이 그것이다.

넷째, 이미 〈아우라지 미학美學의 길〉에서 강조, 강조했던 《미학》 또는 '문화의 중요성 확대'다.

이것들이 이른바 〈점〉을 대신하게 될 것이다.

그렇다면 이것들은 제 안에 이미 〈점〉을 다 안은 것일 거다.

〈풍류로서의 점본채〉 즉, 《풍점》이 그것이다.

조선의 〈풍류사상〉은 본격적으로 연구되고 발전되어야 할 것이다.

여기에 두 가지 기이한 현상이 동조선東朝鮮에서 드러나 있다.

자연 자체가 이미 점占인 현상이다.

무엇일까?

〈물〉과 〈골짝〉이다.

이 둘은 그 자체가 이미 수많은 '징후'와 '생명'과 '예언'을 드러내고 있다.

이것을 경전화 한 것이 곧 〈정감록〉이다.

〈물〉에서 우리는 동해東海라는 바다의 〈기묘奇妙한 점수占水〉를 깊이 생각해야 한다. 왜 〈점수占水〉인가? 또 어째서 〈기묘〉한가?

여기에 열 여섯 가지 역사와 징후들을 들어야겠다.

그리하여 앞으로 오는 화엄개벽, 그리고 해인海印의 대화엄회상大華嚴會相은 먼저 〈동해東海〉, 그리고 동해와의 깊은 〈산계적촉호山系的觸乎〉를 가진 산수山水로부터, 그에 직결된 토지土地와 그 토지의 구멍인 얕은 웅덩이와 〈골짝〉들의《그늘과 물흐름의 기묘奇妙한 신비神秘》로부터, 또 그에 직결된 인문人間과 생명生命과 문화文化로부터 시작된다. 그것은 한마디로 무엇일까?

옛부터 이것을 일러《중흠中欽(가운데 문득 볼록하니 드러나는 혹)》이라 불러왔다.

그것이 구체적으로 무엇인가?

이제부터 동해東海와 백두대간 동방東方의 물과 산山의 골짝들, 토지의 질과 암석岩石들, 구덩이들을 심각하게 검토해야 한다.

동강東江의 국유령國有領 선포는 그 목적이겠으나 아직까지도 뚜렷한 결과는 없다.

특히 〈정선군 고성면 연포 거북이 마을과 골덕내 자장마을, 백운산 나리소와 뒷터〉그리고 백운산의 〈비로비리〉및 〈짐金〉등은 굴암리 암석과 평창 〈금강계곡〉등과 함께 철저히 검토해야 할 것이다.

그리고 제천의 의림지 주변, 원주 치악산 동편의 여러 골짝과 문막, 월봉, 부론과 좀재의 십명지十冥地, 學고개와 풍점고개, 손곡, 점봉산, 미륵산 등은 참으로 상세한 검토를 요구한다.

요컨대 산수山水와 토지土地가 이미 〈약藥〉이다. 왜 그것을 모르는 것인가?

서양과학의 최근 의약내성 시비醫藥耐性 是非에 대한 〈자연치유 운운之之〉은 참으로 한심한 소리다. 본격화本格化하자!

말을 보탠다. 약초藥草, 약수藥水, 약토藥土가 오직 〈약藥〉만이 아니다. 〈풍風〉이라고 불리는 '기이한 화장품', 그리고 〈송頌〉이라 불리는 '소리', 또 〈병瓶〉〈육肉〉〈체體〉〈구句〉 등등등 아직까지도 분명하게 그 해설적 정체正體를 수용受用하지 못한 요소들이 가득 가득하다.

이것은 우리의 삶과 지구 및 우주생명의 길에 무엇을 줄 것인가?

어떻게 연구할 것인가?

세 가지다.

①기존 과학의 근원적 재검토

②개벽변화의 상세한 레포트(2015→2020)

③우주의 지구침투 실상의 엄밀한 점검.

…

⑮ 김탄허金呑虛『신화엄경합론新華嚴經合論』16권
이세간품離世間品 제삼십팔지육第三十八之六 p.269
"보살마가살菩薩摩訶薩이 재모태시在母胎時에 입리구장삼매入離垢藏
三昧하야 이삼매력以三昧力으로 어모태중於母胎中에 현대궁전現大宮殿호대 종종엄식種種嚴飾이 실개묘호悉皆妙好하야 도솔천궁兜率天宮으로 불가위비不可爲比나 이령모신而令母身으로 안은무환安隱無患이 시위제구사是爲第九事요"

이 부분은 이전의 다른 '서다림逝多林'과도 매우 다르다. 이제 차근차근 그 심각한 다른 점들을 직시해 나갈 것이다.

1.〈어모태중於母胎中에 현대궁전現大宮殿호대〉가 무슨 소리인가?
'어미뱃속에 있을 때에 지금의 큰 궁궐 같은 세상을 드러냈다' 가 무슨 소리인가?

바로 이 지점에서 우리는 곧 우리가 지금 계속 찾고 있는 '싸르코스볼'의 이른 바 〈17식識〉 즉 김봉한金鳳漢의 〈회음뇌會陰腦〉를 발견해야 한다. 이미 지적한 것처럼 이는 당초唐初의 명의名醫 손사맥이 〈천응혈天應穴〉〈아시혈我是穴〉이라고 불렀던 여성의 독특한 뇌혈관腦血管을 말하는 것이다.

그것이 어찌되었는가?

자! 현대 여성의 현저한 〈미친 증상〉, 현대 청년층과 아동들의 현저한, 아니 걱정스러운 〈괴물 증상〉으로 나타나고 있다. 그들(현빈玄牝, 현람玄覽) 모두 세상은 〈미쳤다〉고 말한다. 거의 다!

세상이 참으로 〈미쳤을까〉?

그렇다. '미쳤다'고 말할 정도로 대 변동이다.

그래서 〈대개벽大開闢〉이라고 부르는 것이다.

젊은 친구들이 〈Hell-Korea〉라고 부르는데 그 말은 오류다. 정확하게는 〈대개벽〉이라고 고쳐야 한다. 더군다나 〈선후천융합先後天融合-화엄華嚴-대개벽大開闢〉이라고 정확하게 바꿔불러야 한다.

공부가 필요한 것이다. 바로 그 공부가 부족한 것이다.

거기에 '미친 증상'은 정확히 말해 〈지기至氣〉의 등장, 즉 〈회음뇌會陰腦〉은 〈천응혈天應穴〉〈아시혈我是穴〉이니 서다림逝多林 중의 〈어모태중於母胎中-현대궁전現大宮殿〉에 해당된다고 하겠다.

바로 이래서 오늘의 철학, 과학, 종교, 문화, 경제가 모두 크게 바뀌어야 하는 것이다.

어디에서부터인가?

바로 이것을 찾아내는 길이 곧 〈우주생명학〉이다.

그리고 그 첫마디〈서다림〉인 것이다.

우리는 이 〈서다림〉에서 화엄경華嚴經의 새로운 우주적 과학의 가능성을 찾아야 하고 그로부터의 〈오백봉五百封〉의 모든 역易의 원리를 〈추연推衍〉이 아닌 〈묘연妙衍〉을 통해 융합,탐색해야 한다. 그래서 철저한 〈복승〉(결코 '합승'이 아니다!)으로 전 인류, 전 대륙, 바다와 섬들, 산山들, 황야와 중생들, 공기까지도 합쳐 〈신불神佛한 님의 길〉에로 올라가야 한다. 멀지 않다. 그 길에서 우리는 참 새로움을 이뤄내야 한다. 〈미침〉이 아닌 〈참 뇌腦〉를! 그것이 참 복승이다!

그러나 그것뿐일까?

요즈음의 교과서 파동에서 좌파교사를 가장 비판하는 힘이 바로 "아이들" 자신이라는 사실이 단순히 생명학적인 것인가?

〈개벽開闢〉이 무엇인가?

좌左, 우파右派가 음양陰陽이라면 핵심은 그 합승에 있는 것이 아니라 그야말로 복승에 있다.

그야말로 〈산알〉이요 〈사리〉요 〈개벽〉이니 참다운 치유이자 참다운 창조다.

바로 이 길을 찾아내야 한다.

어떻게? 촌놈처럼 '합숨'소리 하지 말라!

《기다림》'기다림'뿐이다.

그렇다. 이제 우리는 바로 이 〈기다림〉 즉 〈모심〉을 〈참 문화화文化化〉해야 한다.

이것이 참다운 종교요 사상이요 참 과학이다. 인류가 기다려온 진정한 미학美學, '기연상서奇緣祥瑞'가 바로 이것이다.

아이들과 여성들, 그리고 수많은 못난이들이 저지르는 이른바 〈미친생각〉〈미친짓〉〈미친 사고〉들은 사실 모두와 그 밑에서 저도 몰라서 들쭉날쭉 움직이는 이른바 〈천응혈天應穴〉〈아시혈我是穴〉이른바 〈회음뇌會陰腦〉라는 '13식識'의 산알 또는 사리인 것이다.

바로《복승複勝》이다.

이것에 대한 대응은 차분한《서다림》에 이은 참다운《모심》, 〈향아설위向我設位〉와 〈무승당해탈無勝幢解脫〉뿐인 것이다.

이것도 화엄경에서 모두《겸兼》이라고 부르는 명지銘智영역이다.

생각해야 한다. 이것이 무엇인지? "합숨"과 어떻게 다른지?

"신시神市라는 이름의 〈호혜시장〉과는 어찌 비교되는지? 예부터 유명한 수수께끼인《산상지유수山上之有水》와는 어찌 견주어지는지?

《산상지유수山上之有水》는 흥원창 삼수합일처三水合一處의 한반도

중심지형인 〈월봉月峰〉의 왕봉王峰중 두 번째 봉우리 위의 샘터를 말하고 부론과 강 건너 앙성의 오랜 통용로인《앙암로仰岩路》의 바로 그 〈모시는 대상〉이자 인근 경제 생활의 일반 표어이었다. 그리고 그 부론과 손곡 사이의 법상종사찰인 법천사(임진란때 소실됨) 앞 "거대한 중장터"(법천사장)의 소문 속의 바로 그 유명한 '복합시장' 즉《겸兼》의 상징적 원형이다.

이《겸》이 바로 앞으로 와야 할 전 세계 경제·세계시장의 〈환귀본처還歸本處〉 곧 〈신시神市〉인 호혜시장이고 또 이《겸》이 다름 아닌 극단적 세속사世俗事인 시장 상거래商去來를 통해 바로《중생이 성불成佛하는 직코스》—판비량判比量의 길이다.

아! 원효의 이 판비량判比量, 칸트Immanuel Kant의 저 유명한 『판단력 비판』의 미추美醜판가름의 흥정척도尺度를 "부처님 이루는 길"로 몰아세운 "첫 새벽" 〈원효元曉〉의 위대함이여!

원효의 '판비양론判比量論'도 전편이 소실되었고 극히 일부—部만 남아있다. 그러나 그 짧은 일부만에서도 충분히 시장市場의 호혜교환의 복합적 상거래를 통해 도리어 화엄경의 그 〈겸兼〉의 길, 〈동마불염同魔不染〉의 코스를 통해 "판判과 비양比量"의 〈겸兼〉으로《성불成佛》하는 길이 환히 열린다. 장사(돈)하면서 부처(해탈)의 길로 감.

〈겸兼〉은 또한 정역正易의 군자君子이름인 〈노겸勞謙〉이기도 하다.

애써 노력하되 텅 비워 겸손하게 살고 결말을 지우는 것.

〈노겸勞謙〉의 군자적君子的 공덕功德의 결말과 집약, 그리고 그 참다운 목표는 바로《미륵彌勒》밖에 없다.

그렇다면 이 길, 이 코스의 수행修行은 오직《나무아미타불 관세음

보살南無阿彌陀佛 觀世音菩薩》뿐이다.
 '아미타'와 '관세음'의 바로 그것, 《겸兼》이다.

 이것이 무엇인가?
 그것이 곧 세계 사회경제의 〈환귀본처還歸本處〉라는 '산상지유수山上之有水' 즉, 〈호혜시장互惠市場, 신시神市〉를 말한다.
 유목민의 교환과 농경민의 호혜가 융합하는 것이 곧 동양고대경제 이상, 한국 고대경제 사회이상, 수운水雲의 예언 〈산상지유수〉요 바로 흥원창 삼강합수처三江合水處인 월봉月峰의, 오봉五峰 중中 둘째 봉우리의 〈산상지유수〉그것이다.
 이곳은 한반도의 지정학적 중심中心이다. 세계사회·경제는 바로 이 월봉 〈산상지유수의 겸〉으로 환귀본처해야 한다.
 그러기에 바로 앞의 법천사法天寺 큰 장터의 〈화엄장〉이 중요하고 강 건너 앙성仰成, 양평楊平 등의 〈두물머리〉가 중요한 것이다.
 따라서 골덕내와 거북이 마을, 뒷터너머, 정선너머, 《아우라지의 여량餘糧》이 중요해 지는 것이다.

3부

우주생명학 2

序
……

나는 이제 글을 끝낸다.
그림으로 돌아간다.
잘 있거라. 안녕.

― 오미리 좁은 길에서.

풍류역風流易

2015년 을미乙未 11월 9일
대안리 홍업興業에서.

　나는 이제까지 역易을 역학易學으로만, 화엄경華嚴經을 화엄경으로만 즉 경전經典자체로만 생각해왔고 또 세상에 적용하려고만 생각해왔다.
　물론 그것은 그것대로 의미가 있다. 그리고 지금 시절의 변화로 역과 화엄의 전문가들은 그들 나름 나름대로 그것을 새롭게 세상에 적용하려고 애쓰고 있다. 또한 유럽과 아메리카 그리고 다른 대륙에서도 동양東洋의 그 두 가지 등대학等大學을 새롭게 탐내고 있다. 물론 나는 나의 〈우주생명학의 길〉을 그대로 간다.
　그러나 지금 여기, 한 가지 중요한 큰 첨가작업을 시작한다.
　무엇이냐?《풍류역》이다.

풍류역이 무엇이냐? 한마디로 잘라 말하면 〈문화역文化易〉, 또는 〈예술역藝術易〉이겠다.

그것이 무엇이냐?

이미 나의 책 『〈아우라지 미학(한자)〉의 길』에서 그 필요성을 거듭 강조했고 또 이미 주문왕周文王의 주역周易이전에 중국 기일箕逸의 서촌통책庶村通策 3권이 출현했음을 매우 강조해서 알렸다.

그리고 또 현재의 전 세계 여성과 아이들, 젊은이들, 못난 남자들과 중생들이 이미 문화와 예술, 그리고 맛있는 음식 이외의 종교, 사상, 과학 따위 일체를 거듭거듭 〈Hell〉, 〈밑바닥〉, 〈똥구멍〉, 〈쓰레기〉, 〈개좆〉 따위로 폄하해 멀리하고 있다.

동시에 온갖 형태의 범죄와 질병, 괴이한 마술 따위에 휩쓸려 그야말로 〈인간 쓰레기〉로 전락한다.

중생, 짐승들도 그들 나름대로 예외는 아니다. 갖가지로 괴이한 행동을 돌출한다. 날씨와 기후 역시 참으로 참으로 기괴하기 짝이 없다.

유일한 나머지는 한 토막 노래와 한 웅큼의 과자, 그것뿐이다. '짐·데이터' 주장과 같다.

그러나 주의하라! 바로 그것 속에 정선 아리랑의 바로 그 《여량餘糧》, 《나머지 잉여》가 있다.

(이미 '아우라지 미학의 길'에서 자세히 이야기 한 바 있다.)

《나머지 잉여》가 곧 《여량》에 세계와 인류의 이제부터의 온갖 문제 해결의 실마리가 들어있다. 칼 마르크스의 〈잉여〉와 막스·베버의 〈상여常餘〉사이의 갈등해결의 열쇠도

어찌 할 것이냐? 바로 그것에서 《풍류역》의 비밀이 있다.

그리고 바로 그 비밀해결의 길에서 비로서 다시금 나의 애당초 의도인 『우주생명학』 전편의 구조, ①서다림逝多林 ②오백봉五百封 ③신불神佛한 님의 길이 모두 화안히 열리게 된다.

어찌 할 것이냐?

그 길을 갈 수밖에.

그리고 바로 그 《풍류역》의 길은 우리집 뒷산 고개 《풍점風占》에서부터 열린다.

어찌 할 것이냐?

그 길을 갈 수밖에.

1

'풍류'란 본디 우리 민족이 우리 산수山水와 우리 역사歷史 속에서 이루어온 예절이다. 그것을 〈풍류〉란 말로 정립한 것은 먼저 고조선의 한 황황한 기인奇人이었던 정유림鄭遊林이었고 이어 신라의 고운孤雲 최치원崔致遠이었으며 그 뒤 여러 사람이 여러 형식으로 정립하고 활용하였으나 현대에 와서 결정한 것은 해방 직후 범부凡父 김정설 金鼎卨이었다.

이미 한 시절 전前사람 미학자 우현 고유섭이 왈

〈앞으로 풍류를 학문으로 정립하는 이가 올 것이다. 그때 민족의 미학은 참다운 철학으로 높여질 것이다.〉

'참다운 철학'이란 무엇을 암시하는 것일까? '지구 만물에 대한 온 우주의 침투가 요란하고 다양한 지금 그것은 다만 18세기, 19세기 유럽이나 13세기 경 중국의 '경세철학經世哲學'을 말하는가? 아니지 않느냐! 그러면 무엇인가? 조금 애매하긴 하지만 그나마 내가 〈우주생명학〉이라고 부르는, '아우라지 미학의 길'에서 내내 강조했던 바로 그것, 종교, 사상, 과학 따위 등이 감당할 수 없는 이 시기 주역들, "여성, 아이들, 젊은이들, 못난이"들의 그야말로 〈삶을 결정하는 지표〉를 말하는 것이다.

왜 다 사라진 아득한 옛 시절의 그 무당과 서양 magic이 다시 고개드는 것인가?

왜 '점쟁이'가 판을 치는가?

그것도 젊은이들의 운명을 이리저리 좌우하는 것인가?

바로 이것이다.

〈풍류역〉이 이제 '서다림逝多林에 의해 보완되는 화엄불교(법화·금강 함께)'와 정역을 종합한 '오백봉五百封'과, 그리고 동아시아와 아메리카를 뛰어넘어 삼대륙三大陸과 중앙아시아, 섬들, 산들, 황야들, 또 중생들과 공기, 온갖 무생물들의 운명까지도 다 결정하는 〈대화엄大華嚴 개벽역開闢易〉이 태어나려면 반드시 이것, 이 〈풍점〉 아래의 《풍류역》이 그 정체를 결決해야 한다.

그렇다

그러므로 도리어 서촌통책庶村通策 3권과 여량론과 무속巫俗까지도 포괄하는 〈풍류역〉이 '서다림逝多林' '오백봉五百封' '신불神佛한님의 길'에 끼어 2권으로 등장한다.

바로 그것이 미학자美學者 고유섭의 왈 '참다운 철학으로 높여진 풍류의 미학'일 것이다.

우리는 이제 해방직후 민족문화의 캄캄한 어둠을 풀기위해 〈사징론四徵論〉을 제시한 범부 김정설의 저 참으로 지혜로운 '풍류 사상思想의 신역학적新易學的 복승개벽復勝開闢'을 시도해 보기로 한다.

2

'풍류'란 어디서, 어떻게 시작되었는가?

간단하다.

〈풍은 산山이요 류는 물水이다.〉

이것은 그러나 그야말로 풍수다. 풍류는 풍수와는 전혀 다르다.

〈풍은 그야말로 산을 흔드는 '바람' 그 자체요. 류流는 수水, 즉 물을 타고 흐르는 곧 류流, 즉 '기운'이니 '소리'다.〉

쉽게 말해서 풍은 '풍경'이요 류는 '음악'이겠으니 한마디로 문화라고 흔히 부르는 예술.

그러나 문화도 예술도 정확하지 않다.

역시 〈풍류〉란 말 밖엔 그 정확한 이름이 없다.

이른바 '자연의 아름다움'과 '인간이 내는 아름다움'이겠다.

그것이 무엇인가?

범부 선생은 이를 〈목호시目虎視〉라고 불렀다. 이것이 무슨 뜻인가? 간단하지 않다.

〈목호시〉가 무엇인가?

'눈이 호랑이처럼 노려본다'는 뜻인데 '누가 누구를 노려본다'는 뜻일까?

〈자연〉이다. 그리고 〈아름다움〉이다.

자 이것이다! 이것이 일종의 요즈음 말로 〈과학〉이 된 것이 풍수요 이것이 또 요즈음 말로 〈문화〉가 된 것이 풍류다.

그러나 풍수가 하나의 지리과학地理科學임엔 틀림없겠으나 풍류는 간단한 문화가 아니다. 풍류는 그 자체로서 우주철학이요 종교요 미학이며 신화이자 Aura, 즉 요즘말로 줄이면 〈점占〉이 된다. 정확한 표현으로는 무엇일까?

아무리 떠들어봐도 〈풍류〉일 뿐, 다른 말은 없다.

더군다나 요즘의 개벽적 우주변화 앞에서 '풍류' 밖에 없다.

거기에 한마디 더 한다.

〈역〉.

일종의 〈공부工夫〉다. 그래서 〈풍류역〉이 된다.

다시 말하면 역시 《우주생명학》인 셈이다.

그저 접근을 위해 한마디 덧붙이라면 〈화엄역의 일종〉이겠다.

왜 이것이 그리 필요할까?

때가 요구한다. 삶이, 마음이 그것을 요구하고 있다.

〈개벽〉이라고, 더군다나 〈선후천융합대개벽先後天融合大開闢〉이라고 밖엔 표현할 길 없는 그러한 때다. 바로 지금이!

아닌가? '목호시' 없이 되겠는가?

그러니 거기에 대한 노력이 이렇게 밖엔 안나온다.

자!

3.

'여우재고개' 너머 방림芳林의 뇌운계곡雷雲溪谷을 지나 〈옥고개〉와 가리파 밑의 〈옥전玉田〉에 들면서 그 흐린날의 기막힌 풍류 앞에서 왈, '아! 목호시目虎視로구나!' 했다.

과연 그럴까?

그렇다.

이것이 곧 풍류의 핵核이요 목호시 즉 〈호랑이 눈으로 똑바로 노려보는 일〉, 바로 그것이다.

이것이 풍류라니 아무래도 이상하다.

느슨하고 즐겁고 부드러운 풍류의 본질이 어째서 호랑이 눈깔처럼 무섭게 한 곳을 노려보는 것이 될까?

간단히 말한다. 바로 이것이 우주의 본질, 즉 〈생명生命〉을 곧바로 〈파악〉하는 일인 까닭이다.

그 표현에 있어서는 다 각기 다르지만 공자도 맹자도, 장자도 부처도, 그리고 또한 수운도 다 똑같이 묘사했다. 가장 느슨한 그 일이 이 세상에서 가장, 가장 "독하고 엄한 일"이라고!

그래서 범부 선생은 〈목호시〉란 표현을 가져다 쓴 것이다.

이제 이로써 《풍류역》을 공부해 보자!

4.

바로 이 일, 〈목호시로서의 풍류〉가 곧 강원도와 동해東海의 새 문명文明의 복승의 《사람이 지켜야 할 최소한의 전제》라는 점이 현실적인 사안으로(나의 '동강 산수문화원山水文化院'에서 2015년 11월 20일 나의 '수상 오페라' 관련 중국 문화침투 비판 강연회) 노골화 되었다.

단호히 자른다.

'수상오페라'는 중국인들의 오랜 바람이다. 특히 동해와 태평양에 대한 욕심을 '수상오페라'라는 유치한 예술적 망상에 숨겨서 최근 중국 '유우커 사태'를 빙자해 한국에, 동해안에 펼쳐 보려는 것이다.

말도 안되는 더러운 짓이다. 그야말로 호랑이 눈에 대뜸 거슬리는 뚱돼지짓이다. 〈목호시〉이니 바로 풍류역의 한 대목이 된다.

나는 최근의 강원도 도정당국道政當局들이 조금 기이할 정도로 중국 정치 패거리들과 어울려 왜 〈이콩·저콩·반지콩〉을 떠들고 있는지를 이제야 알겠다.

북한 문제가 아니다. 그것은 핑계에 지나지 않는다.

〈물〉! 바다다.

간단한 일인가?

여기에 풍류와 역이, '목호시'의 날카로운 주의사항이 들어갈 수 없다고 보는가?

그것이 순 정치사안일 뿐인가?

아니다. 또 그렇다 하더라도 그것은 〈우주생명학〉의 긴급사안이다.

"풍류"는 이제 그러한 일이 되었다.

더군다나 《물》이 현재 그러한 미학 문제로 까지 상승한 것이다.

최근 유럽의 안목 높은 고위층 지식인층에서도 《문화가 답答이다》라는 하나의 '책임성責任性 있는 사회정론社會正論'이 쏟아져 나오고 있다.

내가 이제껏 말해왔던 풍류란 바로 이 사람이 말하고 있는 '문화'를 포함하는 것으로 이른바 동서양 고금古今의 예술 전체를 말한다. 이것이 가진바 어떤 '확산'(나툼), 그리고 어떤 '창조'(시김), 그리고 그것이 어떤 '가치'(모심)를 안고 있음이다.

나는 이 이상의 고급한 담론을 생산해낼 능력도 의사도 기질도 갖고 있지 않다. 그래서 하는 말이겠고 그래서 추진하는 작업이겠거니와 가히 이 시절, 이 나라가 바로 그 일에 맞는 〈목호시〉의 풍류가 〈꽃 피고 있음〉이리라!

"싹이 아니라 꽃이다!"

왜? 범부 선생은 이리 말한다.

"너희에게 이 나라가 그냥 흔해빠진 고향이고 조국일 뿐이냐? 아니다! '아니다'라고 나는 말했다. 그러면 무엇이냐? 쉬운 말이 아니다만 한마디로 이 나라는 너희에게 있어 〈성기性器〉이다. 다른 할말은 없다. 끝!"

〈성기〉라고 했다. 남자의 〈자지〉이고 여자의 〈보지〉이다. 사람의 〈머리〉라고 말하지 않고, 〈자지〉〈보지〉라고 말하는 것이 "핵"에 해당하는 표현으로 등장한 시대다.

이 시대를 느끼겠는가?

자! 이것은 매우 중요하다.

마치 풍류라는 말, 풍류라는 말이 목호시로서 핵이 되는 그러한 시대!

핵으로서의 '좆같은 세상', 'Hell-Korea', '개똥세상'의 뜻으로 〈자지〉〈보지〉일 것인데, 그럼에도 '목함지뢰' 사건 때는 79%의 20~30대가 총들고 조국을 지키겠다고 나서고 예비역 87명이 예비역을 취소하고 다시 총을 잡겠다고 한다. 도대체 이것이 무엇이냐?

〈화랑도〉다. '목호시', 바로 그것이니 곧 〈풍류〉다.

한마디만 덧붙인다.

바로 이것이 다름아닌 '목호시'이니 곧 《좆같이!》다. '성기'다.

그것이,

풍류란 바로 그런 것이다. 그래서 '느슨한 놀이'가 아니라 "역"이 된다. 〈세상과 우주의 중심 원리〉인 것이다. 그래서 〈성기〉란 말이 나온 것이다.

그리고 때가 임해서, 대개벽이 와서, 바로 그때에 맞게 우주생명학에 불쑥 제2권 〈풍류역〉이 풍점고개 밑 올챙이집 구석방에서 쓰여지고 있는 것이다.

"때"다!

바로 이것이 또한 〈목호시〉이니 또 '옥전玉田'이요 '옥고개'일 것이다. 그 옥고개의 '옥'인 〈숫돌고개〉이니 바로 좆고개다.

그러면 그것이 그 귀한 《보지》 아니더냐!

다른 말 아니다! 한국 풍류의 핵 정선아리랑의 핵심처인 '아우라지-여량'의 본디 이름이 곧 〈보지-한〉이다.

그 '한'은 'ㅡ'이 아니라 '우주宇宙'다. 〈보지 속의 큰 우주생명〉이다. 그것이 아리랑, "함께 춤추며 같이 살아보자"인 것이다. 그것이 곧 풍류요 화랑도花郞道요 목호시인 것이다.

또 그것이 바로 〈조선정신〉, 〈시김새요 불금이요 흰 그늘〉이다.

최남선이 말한 "불성"(팔관)이고 마고의 1만 4천년 전 "다물多勿"이니 바로 팔여사율八呂四律이다.

나에게 누가 와 이렇게 묻는다면, '너는 왜 자지·보지를 그렇게 좋아하느냐?'

이리 묻는다면 나는 바로 대답한다.

'그렇다. 자지 보지 사이의 씹 이상 더 큰 우주 생명의 대역사가 어디 있으리오!'

물론 그것이 이른바 '외설'에 속한다는 것은 너무나 잘 안다.

그러나 그것을 '외설'로 보아왔던 기인, 긴 역사, 그것도 이제는 갔다.

그럼 좋은 시절이 왔다는 말이더냐?

"아니다,

그렇다!"

이른바 수운 선생의 《불연기연不然其然》이다.

그만큼 더럽고 추하고 안좋다는 뜻이다.

그러나 그만큼 새 세상이 가깝다는 뜻이다. 바로 그래서 동학이 크고 큰 개벽의 진리인 것이다. 맞다! 이제 오고 있다. 무엇이?《복승》!

〈불연기연〉을 그저 chaosmos 따위로 얼버무려서 대답이 되는 것은 아니다.

그러면 무엇일까? 알 수 없다.

그러나 한 마디 이 말만은 기억하자. 내가 늙어 첫 손자를 안았을 때의 그 미묘함!

그것이 무엇일까? 알 수 없다. 이것일 수도 있고 저것일 수도 있다.

아하! 그래서 이 때의 늙은이의 마음을 옛 사람은 단 한마디 하는, "엉킴"이라고 했었나?

이것은 새로운 시작의 과도적 예비기의 특징 아닐까?

손자의 삶과 늙은이의 죽음의 세계의 얼크러짐의 새로운 시작? 아하! 모르겠다!

이것은 한 발짝, 더 나아가 이른바 '中'의 〈원만〉과 〈대박〉의 실천적《모심》, 곧 '복승의 모심' (또는 '시김의 모심')일까?

민족통일과 동서양 사상융합의 세계 메시지 민족으로서의 일어섬의 실천을 위한 조건으로서의 〈원만〉이나 〈대박〉이 아니라 그것의 '콩종튀르(축적순환의 장기지속)'로서의 모심, 즉 이미 이루어지기 시작한 솟아남, 복승을 적극적으로 원융한 촉발적 시김새로서의 모심이 아닐까?

이것이 〈엉킴이요〉 수운 선생님의 〈불연기연〉이 아닐까!

그렇다! 단순한 말 장난으로서의 '아니다·그렇다'나 'chaosmos'는 결코 아니다.

한 마디만 결정적으로 내려 규정하자. 《여량》.
이 말을 해석, 설명하기는 쉽지 않다. 그러나 바로 그렇기 때문에 이 말은 바로 조선의 새로운 문화사상을 창조해 낼 것이다. 틀림없다!
《여량》, "여량" 바로 이 말이 물론 심도있는 '잉여'요 '여유'요 호세 互勢로써 한 시대와 사회를 흔드는 경제적 힘인 것은 사실이나 동시에 이것은 또한 〈여유로움〉으로써 이것과 저것을 다 아우르는 ('아우라지') '샘물엉덩이' 같은 것이기도 하다. 이것을 또한 잘 짚어나가 보자.

나는 이것에서 한 '이치의 친숙한 조촐함과 가까움'을 따뜻함으로 반긴다.
이 세상 전체를 휩쓸고 있는 공산주의와 자본주의와 바로 그 《잉여》라는 물건의 지배를 서서히, 한꺼번에 해결할 수 있는 그같은 〈조촐함〉과 〈가까움〉인 것이다.
반갑다!
가자!
어디로?
《월봉月峰》으로 가자.
월봉이 어디인가? 여기다! 어디?
흥원창이다. 삼강합수다.
강원도의 섬강, 충청도의 단강, 그리고 경기도의 한강이 만나는 그곳, 문막文幕과 부론의 그곳!
오봉五峰으로 이루어진 바위 〈월봉〉의 둘째 바위, 《산상지유수山上

之有水》의 자리!

갔다.

바위 앞은 물이 있어 오르지 못한다.

바위 뒤 12월 16일 1시 20분(2015년) 월봉 뒷길의 바위에 일체 오르는 길은 없다.

오직 여주쪽의 월봉 가장자리에 한 외로운 길이 있어 그 이름이 〈닷둔리〉다. 그 길로 해서 바위에 오르는 샛길이 나설 것이다. 그 밖엔 무성한 초목들 뿐, 아무것도 없다. 나는 다리 다쳐서 지금은 못 오른다.

이곳에 그 여유, 그 잉여의 신령한 잉여, 〈여량의 복승〉이 일어난단 말인가?

알 수 없다.

아아! 〈지기금지원위대강시至氣今至願爲大降侍〉의 주문呪文이 아래쪽에서부터 절로 터져 오른다.

다시 오늘은 이 근처 시골에서 농사지으며 소설 쓰는 한 젊은이를 만나 궁예弓裔의 일생一生이 역사와는 많이 다른 점을 이야기 해줘야 한다.

아마 철원 태봉국이 그의 종말終末이 아니라 양안치 천은사天恩寺 앞길의 〈곰네미길〉과 문막 명봉산 밑 궁촌리의 전설로 보아 궁예는 분명 다시 원주原州에 내려와 왕건과 27회 30만 대군의 혈전血戰으로 망한 뒤 만종으로 달아나다가 명봉산 고개에서 원주 호족의 젊은이의 칼에 죽은 것이 맞다고 말해줄까 한다.

그는 대봉산 밑 황토 민박집 뒷고개 너머에서 대군大軍을 길렀고, 또 22권의 책을 쓰고 그곳 개울가에서 제 아내를, 두 아들을 죽이고 울음병에 잡힌다.

역시 원주 호족들에게 속은 것이다. 또 다시 그 호족에게 속아 〈비끼재〉에서 문득 철원으로 북상北上한 것이다.

그에게 왜 〈수덕만세水德萬歲〉가 그리도 중요했던가? 오늘 그 얘기를 할 것 같다.

천부경天符經의 〈묘연妙衍〉이요 〈만왕만래萬往萬來〉요 화엄의 핵, 해인海印의 중추인 〈무승당해탈無勝幢解脫〉의 주인공 자행동녀慈行童女의 슬픈 기억일 것이다.

엄마와 아내, 그리고 아들들, 그들을 잃어버린 그 〈하노바(울음의 후회증)〉!

그것은 그러나 새 시대의 표어다.

아아! 궁예는 돌아올까? 오늘의 궁예스승 〈직예〉는 어디 있을까? 과연 《여량의 복승》은 이곳에서 올 것인가?

그런가?

그 소설가는 이야기를 마친 뒤 귀래 짜장면집에서 밥을 먹고 천은사 앞 〈곰네미길〉을 확인한 뒤 궁촌리의 뒷산 명봉산 길 중간에서 나와 헤어졌다. 무엇인가 긴 세월이 다 풀린 것 같다.

이것이 〈여량의 복승〉인가?

아아 온다! 무엇이? 내 개인사의 고통.

〈어머니와 아버지와 아내의 이야기 쓰기와 통일과정에서의 그 활용〉의 아픔으로 돌입. 밤새 몸부림친다.

그 쓰기는 1월 5일 이후로 그림, 시 쓰기와 함께 정해 미룬다.

자! 가보자!

참으로 〈여량의 복승을 촉발하는 모심〉을 찾아가기로 한다.

어디서?

우선 '아우라지 미학의 길'에서 제기된 아우라지 여량에 관한 동서양 고전 토착 전설들을 차근차근 현대적으로 풀어가 보자. 그리하여 칼·마르크스 잉여론과 막스·베버 잉여론의 문제들의 속에 깊이 숨어 있는 인류세계전체의 역사적·사회적·전반적 〈잉여문제〉를 짚어내는 "풍류역"의 길을 가도록 한다.

나의 정선 아리랑 공부책인 『아우라지 미학의 길』 p.131. '열 두가지의 길'에서 다음,

"자, 첫길이다."

내가 이제까지 한 밑바닥 이야기들은 모두 다 새로운 시작을 가리키는 '구멍'이다. 바로 그 구멍이 곧 아우라지, 아니 다름아닌 여량이다.

논의를 여량으로 집중하겠다.

이미 잠깐 나왔으나 이제야말로 여량과 잉여의 비교를 시작한다.

가타부타 말이 많으나 결국 유럽발 현대 미학의 핵심은 '잉여론'이다. 경제와 예술문화, 사상이 다 그 출발점을 잉여로 보고 있고 하나도 의심하지 않고 있다. 그런데 바로 오늘의 경제, 오늘의 문화와 아름다움의 더러움, 누추함, 엉터리가 다 바로 이 잉여와 잉여론으로 시작되는 것이다.

따라서 그 대안은 바로 여량 즉 나머지 음식, 음식 나머지, 남는 곡식인데 먹고나서 쬐끔 남기는 따위 나머지가 아니라 애당초부터 어떤 이유(기연상서崎然祥瑞)로 '음식을 일부러 남기는 것'이다.

바로 여기에서 참다운 미는 발생한다.

잉여와 같을까?

어떤 년놈은 "바로 그게 그거다"

"잉여가 여량이다" 할 것이다. 그러나 어림 반 푼어치도 없는 헛소리다.

왜?

우리는 저 유명한 데까브리스트(해밀턴 추기경 중심의 신종교新宗敎 동서융화 정책의 대중문화화 운동체)의 리더인 이시하르트·주오노·벤(Isihart Juono Benn, 독일인)의 다음과 같은 주목해야 할 문장이 그의 명저名著라고 할 '기이한 유럽 서북부西北部의 신화 속에서(1822년 캣빌레더움 빌 출판사 간행刊行)' 가운데 솟아오르고 있음을 보자!

우리는 저 유명한 신화학의 명수인 추완·헨비나임Chaono Henvinaim의 말 속에 이른바 길고 긴 이른바 「명품 농사 예절(신을 위한 제사용으로 짓는 특수한 농사방법들)」에 관하여 속에 바로 '나머지' 즉 잉여에 대해 세 가지 강조하고 있음을 눈여겨 보아야 한다.

하나는 '잉여'는 반드시 이끌어 내야만 하는 하나의 은총이다. 그러므로 끊임없이 노동과정 그 자체에서 의식해야 하고 명심해야 한다.

둘은 '잉여'는 '별스런 소출'이어야 한다. 잘 생기고 여물고 단단해야 하며 벌거지 따위가 범할 수 없는 '한 거룩함'이 있는 소출부분이어야 한다.

셋은 잉여부분에 대한 농민들의 의식은 애당초부터 '돈'과는 거리가 먼 '하늘과 땅 사이의 차이'가 있었다. 따라서 잉여는 이미 농사짓는 그 당시부터 하나의 '하늘의 빛같은 열매'였다. 농사는 그런점에서 하나의 '거룩한 성사聖事'가 아니었을까? 그것은 기독교 훨씬 이전부터 그러했었던 것이다.

이것을 우리는 새 시대에서 잊지말아야 한다. 잊지 말고 우리의 삶에 적극적으로 고려해야 한다. 강조해야할 것은 그것은 절대로 돈과 바꿔지지 않는다는 것. 그래서 귀한 것. 그래서 아마도 '먹지 않고 모셔야(숭상崇尙)할 성물聖物로 취급되었다는 것. 그렇다. 그것이 핵심 문제다. 잊지 말아야한다"

스페인, 이태리, 그리고 동양의 필리핀과 중국 남부지역, 그리고 베트남의 경우에서, 마르크스가 〈자본론〉에서 힘들여 강조하고 있는 잉여의 산출지로서의 온대지방 농업에서의 '잉여관'은 과연 어떠했는가?

그것도 자본資本의 산출근거 일수 있는 것이었던가?

아니면 여량이었던가?

베트남의 경우다.

베트남의 아주 커다란 학자 중에 한 사람인 〈지인귀민민〉(1897-1928)은 (책이 아니라)말한다.

"남방아열대, 온대 농업에서 우리가 가장 중요시해야 될 초점은 다음 세 가지다.

첫째는 곡물 낱알의 질이 비교적 낮은 정도의 수확일 때 우리는 먼저 그 곡식으로 참배하는 제사에 거는 '종교적 효력'의 정도를 또한 낮게 건다.

이 점은 어떤 경우에도 상시적으로 잘 알고 있어야 한다.

둘째는 곡물을 바깥으로 이동하거나 팔 때에도 그 곡물의 질(이것은 따로 점검할 필요가 있다)에 대한 안팎의 평가는 항상 거의 '신경질적일 만큼' 까다롭다. 왜냐하면 그만큼 그 곡식의 쓰임새의 '상서祥瑞로운 목표'를 중요시하기 때문이다.

셋째는 우리의 전체농업에서 차지하는 위와같은 곡물의 질의 내용 문제는 이른바 경제학자와 외부관찰자들의 피상적 평가 따위와는 거의 무관할 정도로 우리들 내부의 정신적, 전통적 중대사이기 때문에 농업에 있어서는 사실상 항상 가장 중차대한 것이므로 이를 '시오시리요'(불밝힘)라고 부를 정도다."

사실상, 공산화된 지금의 베트남 농업에 있어서도 역시 간단히 줄여 말해서 정부당국은 바로 이 문제를 '기디어리온 비민(중대 결정사항)'이라고 못박아 말하고 있는 정도다.

왜?

이것은 마르크스의 〈자본론〉(김수행 번역본 제2권 p.176)에서처럼 'U'나 'u'의 'n'으로 과학숫자로 둔갑시켜, 'n=u/u와' 따위로 위장한다고 자본이나 노동문제에도 회전될 수 있는 것이냐?

또 그 따위 가짜과학에 입각해 자본주의가 설명될 수 있는가?

정신 차려야 한다.

왜?

스페인의 경우다.

이미 누구나 알고 있는 바스크지방 독립 협업체인 몬드라곤의 유명한 곡물과 농업관의 핵심테마다. 거의 선언문 수준이다.

"우리는 밀이나 귀리, 또는 옥수수라는 그 낟알, 낟알 하나 하나가 결코 자본으로 환치될 수 없는, 그 자체로서 고귀한 고귀한 영적 생명체임을 확신하고 있다. 그렇기 때문에, 그것이 잉여를 산출하여 그 잉여가 자본을 만드는 것이므로 그 근원의 노동이 가장 귀중하다는 식의 '아동적 오판'을 믿지 않는다. 곡물은 그 자체로서 살아 생동하는 우주적 생명체다."

그럼에도 불구하고 몬드라곤은 똑같이 이스라엘의 기브츠나 일본의 야마기씨와 함께 몰락했다. 왜? 마르크스 류類의 노동관, 공산주의적 노동관 따위를 근본적으로 벗어나지 못한 탓이다.

내가 이제껏 말해온 베트남과 스페인의 몬드라곤의 예가 우리들 동아시아인의 눈에는 별로 농업적 현실성이 느껴지지 않는 지점일 가능성이 있다.

그렇다면 중국 남부의 온대지역은 어떠한가?

그것도 일찌감치 마르크스가 자본주의의 온상이라고 지칭할만한 그런지역의 농업적 예증에서 말이다. 삼남三南의 광범위한 예이다. 이 경우에는 어느 누구를 지적할 일도 아니다.

너무 흔한 예이다.

농사일에서 가장 중요한 것은 농사가 끝나고 그 뒤 수확이 시작될 때 하늘의 공기와 농사를 비교하는 일이다.

왜?

어떤 성과成果이랄까?

어떤 제품祭品이랄까?

또는 어떤 기이할 정도의 상서로운 기적이 나타나기를 기다리는 일이다. 그야말로 '천수天需'다.

그것이 무슨 자본이나 무슨 이익이라고 생각될 수 있는 여지는 아예 없었다.

그럼 무엇인가?

쉽게 말하면 "하느님의 선물" 같은 것이겠는데, 그것을 요즈음 경제문자로 잉여니 '노동의 성과물'이니 떠드는 것은 전혀 '천박賤薄'에 불과하다.

비록 그렇다 하더라도 그런 문제점을 중요하게 보아서는 안되는 것이다. 농업, 농사, 천지를 가는 일은 그런 것이 아니다. 이 점은 아무리 세월이 가도 불변不變이다. 공산주의가 된 오늘에도 그런 말 하면 천박하다고 욕을 하는 것이 바로 남쪽 중국의 농촌풍경이다. (1978년 일본 저널과의 담화에서 삼남지방사람 기희지箕戲之왈)

이미 다 나왔다.

한국은 어떠한가?

전라남도 무안 2007년 가을, 한 농부의 말이다.

"그런 소리 하는 사람, 잉여니 자본이니 노동이니 떠드는 걸 많이 들었는데 농사가 뭔지 모르는 사람들 말이다.

농사는 그런 말 떠드는 사람과는 관계없는 일이다. 농사는 꼭 물과 같고 햇빛과 같은 것이다. 그건 목숨이나 선물 같은 것이고 '모심', 모심이다. 모셔야 되는 선물 아니겠는가?"

내가 직접 들은 말이다. '모심'이란 말이 나왔다.
그렇다면 모심은 바로 잉여가 아니라 여량으로 이어진다. 여량으로서의 모심은 바로 축적순환, 축적순환 또는 환류의 장기지속, 즉 'conjuntone'라는 아날학파의 '망딸리떼'에 가까워진다. 이것은 아주 큰 사건이 된다. 또는 거의 종교나 숭배에 이르는 경지인 것이다.
사전事前보다 사후事後가 더 문제다.
즉, 그렇게 잉여니 자본이니 노동이니 하고 난 뒤의 문제, '망해버림'이 문제란 것이다.
끝이다.
왜?
이태리와 필리핀의 사례를 더 들어보자.
더 지독한 예증例證이 솟아나오는 것을 보자.
이태리의 18세기 초반이다.
쌍빠울루스라는 이태리 지역의 한 동명同名의 신문에 표현된 1800년대 말의 한 농부의 말,

"농사는 노동이 아니다. 공장하고 비교하면 큰일난다. 농사는 그야말로 거룩한 인생이다.
그걸 뭘 자꾸만 일이니 수입이니 수출이니 하고 떠드는 거냐?"

8,9년 전 뉴욕 금융사태 이후 전 세계적인 반년간 금융자본주의 비판 열풍속에서, 미국으로부터 시작된 '귀농·귀촌열풍歸農·歸村熱風' 문제는 더욱 그렇다.

우리나라도 그 문제는 심각하다.

다시 말한다. 귀농·귀촌과 함께 잉여와 여량문제는 보다 더 정밀하게 검토해 들어가야 한다.

2003년 정월 '필리핀 오날리아'란 작은 매스컴에서 한 여성에게 물었다.

"당신은 일을 해 봤는가?"

"나는 일꾼이다"

"무슨 일을 해 봤는가?"

"인생"

"그게 무슨 일인가?"

"일하지 않는 인생도 있는가?"

"그런 인생은 죽은 인생이다."

"농사지어 봤는가?"

"하늘 밑에서 땅 위에서 숨쉬며 사람들과 함께 곡식을 먹으며 물을 마시며 사는 것, 이것이 곧 농사아닌가?"

"인생은 일이다. 그 일에서 돈은 무엇인가?"

"돈은 중요하다. 그러나 중요하다 중요하다 자꾸 그러면 돈은 달아난다. 그만하자!"

대담 상대인 그 여성의 직업은 농민이었다.

이것이 무엇인가?

'여량'이다. 또 '모심'이다.

그래서 이것이 곧 '아우라지'가 되는 것이다.

이제 열두 가지 길의 두 번째 길로 간다.

그 두 번째 길이다.

나툼, 또는 나툼새에 연결되는 여량의 미학상 규범의 길이다.

'새'란 본디 "…하는 가락", "…하는 본새", 또는 "…하는 기세" 같은 말인데, 이 경우의 나툼새에서는 도리어 '나툼'이라는 〈사방팔방으로의 대확산大擴散경향을 통해 어떤 메시지를 분명하게 드러내고 들어오리는 기운참, 세력, 힘을 '새'라고 붙여 말하는 것이다.〉

따라서 나툼새는 나툼과는 약간의 차이를 두고 다루어야 할 것이다.

여량餘糧이 우선, 남은 곡식, 곡식 남김의 경우, 그 나머지 곡식보다도 그 곡식의 총괄적 우주생명력의 뜻, 목표, 의미에 더욱 기운다는 것은 이미 우리가 알고 있는 것이다.

그렇다면 나툼은 그것을 그저 형식적으로 확산시키는 단순한 기교에 끝나는 것이 아니라 오히려 여량餘糧의 본질에 속하는 것이다.

그러므로 나툼의 본색은 도리어 "나툼새"에 있다. 나툼이나 나툼새를 세세히, 또 깊이 알고 있는 민예전문가가 이 세상에, 우리나라에 드물다.

왜?

그 민예전문가들이 민예를 전공하고 연구하던 그 시절(아마도 거의 해방이후, 4.19이후 부터일 것이다.)의 (일제 탄압이래서 몇몇 분과나 인사人士들 이외엔 전부가 부딪친 억압 아래서) 겨우 기량을 익히고 기법을 연마해 넓히려는 그 무렵이었기에 '나툼류類'(이런 유형의 규범이나 기법 또는 크게는 '묘연술妙衍術'들)를 알거나 익히기엔 턱없이 모자란 상태에서, 그 또한 그들을 보고서 연구해야 했으니 오죽했겠는가!

그러나 이 점에서 도리어 우리는 여량이라는 미학규범이 단순한 잉여 운운의 개념 구분 따위에 가둘 수 없는 훨씬 크고 복잡한 그 자체 역사와 한恨 많은 시련의 드라마를 동반하고 있음을 알 수 있는 것이다.

따라서 잉여에서 자본으로, 또 노동에서 잉여로, 그것이 다시 회귀하고 어쩌고 하는 일종의 깡통경제학이 여기 미학의 생산과정 자체의 파란만장한 우주생명학에 끼어들 여지가 애당초 없는 것이다.

까불지 말라!

무식 이전에 겸손하기를 요구하는 것이다.

그러나 그것이 그리 쉬운 일일까?

쉽지 않다.

그러나 그리 어렵고 복잡한 일도 전혀 아닌 것이다.

자! 이제 어떻게 할 것인가?

마르크스의 잉여와 그 잉여로부터 시작하는 2백 년간의 공산주의 역사를, 그리고 그 이전에 시작해서 그 이후에는 더욱 더 요란법석으로 〈상여常餘〉라는 낡은 항구적 잉여의 도둑놈 공식을, 거기에 기독교라는 장식까지 끼인… 하하하!

이 18, 19, 20, 21세기의 산 역사를 어떻게 할 것인가?

'자!' 다시 한번 손을 마주치면서 '자!'를 외칠 수밖에 없다.

오늘, 2016년 병신년丙申年 1월 1일 아침.

10시 40분. 설날이다.

강원도 원주시 대안리 앞 흥업 신촌길의 한 옛집에서다.

이 옛집의 옛 이름은 〈다물〉이다.

동네 이름은 흥업이니 〈불함不咸〉이다.

그러니 '다물'에 앉아 '불함'을 꿈꿔야 한다.

이제 경희대학교 문학교수 홍용희가 편집한 두 권의 나의 책,

『김지하의 미학사상』과

『김지하의 문예이론』에서 발견한다.

그 두 권 책에서 김지하는 이미

여러 곳에서 마르크스의 변증법과 유물론과 실증주의를, '아도르노'가 시도했으나 실패한 바 있는 그 공격을 자행하고 있다고!

성공했는가?

홍용희는 '성공'이라고 판단한다!

내 보기에는 어떠한가?

이 나라,

분단된 이 나라가 이제 (올해초, 병신년 2016년 1월) 정세로 볼 때, 그리고 주변의 중국, 일본, 러시아, 미국을 볼 때, 잘 전망할 때, 세계사와 우주변화와 인간의 삶, 경제·문화·과학·종교 등을 볼 때, 가까이, 아주 가까운 날에 〈성공〉으로 판가름 날 것으로 보인다.

틀림없다.

자! 이제 그야말로 다섯 테마와 열두 가지의 길, 그리고 열세 사람 승려들의 죽음 이야기등을 할 때가 왔다.

〈자!〉다

내가 이미 한 말이 있다. 무엇을?

우리 역사중, 삼국의 고구려, 신라, 백제의 역사가 끝날 때 〈궁예〉란 한 〈화엄 혁명가〉가 나왔고, 실패했고, 다시 다시 시도되어야 하지만 아직까지도 그 가능성이 보이지 않는다고!

바로 여기에서다. 신라의 경주 태생인 그, 왜 그중에는 원주의 치악산에 웅거한 〈양길〉을 찾아왔던가?

세 마디다.

하나,

'화엄개벽'과 같은 큰 우주적 대 제국을 건설하려면 그 기초가 될 새 〈백성〉이 있어야 한다.

그 〈백성〉은 어디에 있는가?

바로 그것을 치악산 영원산성의 양길梁吉이 거느린 삼천명三千名의 백성에서 발견한다.

둘,

그 백성의 타고난 어떤 성질 때문인가?

〈텃세 안하는 성질〉이다. 그것은 바로 〈호양부쟁好讓不爭〉때문이다.

셋,

그것은 〈산해경山海經〉 속에 있는 〈호생불살생好生不殺生, 호양부쟁好讓不爭, 불사군자지국不死君子之國〉 때문이다. 〈산해경〉은 예맥족의 타고난 경전1으로서 발해만 상부에 살던 예맥족 중의 〈예〉 수십만이 중국쪽 진의 압력으로 동진東進하여 남만주, 함경도, 강원도에 남하

---

1 정재서에 의하면 산해경은 중국이 아니라 동이계, 방사方士, 술사術士(무속)들의 산과 수에 관한 전설 수집본이다.

해 살았다고 한다.[2]

신라의 고구려 북벌군사 투쟁시 그 군사적 간섭에 못견딘 예족 30만이 강릉, 주문진, 속초 쪽에서 하루 아침에 사라져버린 미스테리가 한국역사에는 있다.

그들은 어디로 갔는가?

삼척두타산, 영월태화산, 원주 치악산과 신림, 봉양 그리고 백운산 박달재 등에 〈입산삼천入山三千, 입야사천入野四千〉의 무속계 전설이 분명히 남아있다. (무속자체와 함께) 이것은 지금도 남아있는 원주 토박이 인심인 〈텃세〉문제가 그 증거인 셈이다.

궁예는 기이한 그의 스승 〈직예〉로부터 그 전설을 듣고 원주 치악산으로 양길을 찾아왔다고 한다.

한 가지 치명적 사례를 제시한다.

당시의 지방 호족豪族이었던 〈아원세삼십인亞原稅三十人〉은 〈궁예와 양길이 만나는 길〉 즉 그 스승 〈직예〉가 가르쳐 준 길, 〈회론길〉에 방해작용을 놓았다.

이 방해작용이 오늘의 이름 〈금대리金垈里〉가 된 것이다. 왜 방해했는가?

당시 아시아의 금품金品제도 풍속風俗으로 보아 금대는 그야말로 일종의 '여량'에 속하는 귀량貴糧인데 세족도, 당시 신라 인근의 족속도 모두 통하는 것이었다. 바로 그 금대를 핑계로 (다음에 제시한다.)

---

[2] 고성쪽의 파시波市에서의 '소사리해인'의 전설과 그 맥을 이후 원화源花에게 넘기려다 실패한 설화는 예에 속한다.

하여 양길과 궁예 양쪽의 만남과 그 만남의 장소, 만남의 조건 등에 방해를 놓은 것이다.

이래서 그 뒤 바로 이곳이 〈금대리〉가 된 것이다. '쓰디 쓴 내력들'이다.

훗날 궁예가 왕위王位에 올라 정치를 펼 때 〈수덕만세〉을 강조하여 〈여성, 아이들, 못난이들(水)〉의 〈생명과 생활창성(덕德)을 기린 것〉도 실은 그 금대의 속임수를 깨닫고 그 귀량貴糧을 〈수덕〉으로 들어올리려 한 것 이었다.

"쓰디쓴 지혜"이겠다. 〈쓰디쓴 지혜〉!

양길의 군졸 170명과 함께 들어간 신림神林뒤 대보산 밑의 〈석남사石南寺〉자리에서 그가 크게 성장한 뒤 결혼한 그의 부인 그리고 그의 어린 아들 두 사람(궁예는 이들을 크게 들어올리려고 했었다-이 점이 매우 중요하다.)

그의 부인이 왕건과 간통했다고 모략중상해서 궁예가 그 부인과 두 아들을 석남사 앞 물에서 죽이게 되는 것을 모두 다 원주 호족들의 이간책이다.

그로부터 〈울음병(하노바-후회증)〉이 발생(궁예 몰락의 가장 직접적 원인은 바로 이것이다.-이 점을 잘 살펴야 한다.)하는데 바로 이 병을 고쳐준다고 속이고 그들 제천 쪽 의림지 조선 병약처방지로 가는 길 즉, 《비끼재》(고구렷길)에서 길을 비켜 (의림지쪽이 아니라 봉양 명암호쪽으로) 비틀어 간 것이다.

명암수물의 계류인 물가의 '노목'(오늘의 옥전 입구) 근처에서 자기가 〈속은 것〉을 깨달은 궁예가 칼을 빼들었으나 바로 그 〈노목의 보석인 '옥전玉田〉(그렇다! 이것이 또는 '금항아리 금대'처럼 여량인 것이다.)의 위력 앞에 칼을 거두고 바로 철원길로 북상北上을 결정하고, 대결정! 〈태봉국〉의 역사가 시작된다.

이 〈쓰디쓴 지혜의 비밀〉을 우리는, 깊이 생각해 보아야 한다. 특히 "풍류역" 상에서 말이다.

〈쓰디쓴 지혜〉, 즉 〈여량의 교훈〉을 그 뒤 철원 태봉국의 〈울음산〉에서 궁예에게, 매일 밤 통곡(후회증)으로 날을 새우던 그 제왕에게 무엇을 선사했을까?

그 넓은 〈궁예의 벌판〉과 요충들에도 불구하고 〈와수리의 모자람〉과 〈화천 벌판의 전략적 오류〉를,

원주의 〈삼강합수처三江合水處 흥원창 월봉〉과 〈문막벌판의 텅 빈 그 요설위燎舌尉의 전략론〉을, 또한 그에 이르는 〈'비빈들', 두 양안치의 우수한 전위前衛〉를 기억함으로써, 〈개미사蓋未士의 귀래貴來〉를 상기하여 바로 그 여량의 교훈을 깨닫고 원주로 다시 내려와 문막에서 왕건과 27회의 대혈전을 치르고 그 뒤 패배한 그가 명봉산鳴鳳山을 넘어 만종으로 도피하다 또 다시 원주 호족계 청년의 칼에 살해당하는 과정, 바로 이 마지막 과정에서의 바로 그것, 〈여량〉의 존재는 무엇이었을까?

'궁촌리弓村里'에서 명봉산으로 넘어가려하는 기슭에 〈미이재美二齋〉라는 서강당 비슷한 무속신당이 있는데 길을 막고 있다. 그래서 그 당을 파괴하고 가야 명봉산의 산정山頂을 넘어 목적한 〈배부른산 대복사〉에 이를 수 있는데, 그 〈미이재〉의 신당이 예뻐서 그냥 놔두고 옆으로 피해 〈두이 고개쪽〉으로 넘다가 거기 숨어 기다리던

원주청년에게 죽은 것이다.

그것은 무엇이었을까?

이것을 당시 당나라에서 퍼지고 있던 〈화엄경〉의 지혜에 비추어 볼 때 무엇이 될까?

당나라 유행의 〈화엄경〉의 유명한 구절, "피귀지避貴之 발불상發佛像"(귀한 것을 피하는 길에 비로소 부처 모습이 나타난다)이 바로 이것이다.

〈귀〉, 〈귀한 것〉이 무엇일까?

지금은 무엇일까?

옛날이나 지금이나 여전히 《여량》이 바로 〈귀:귀한 것〉이다.

그것 뿐일까?

물론 아니다. 잠재적인 〈귀물貴物〉이 이제 밝혀져야 한다.

아니 현대사회의 과학, 경제, 정치, 더군다나 〈문화〉, 이른바 풍류는 바로 그것, 즉〈귀〉를 밝히는 '목호시'와 역의 전개인 것이다.

이것이 곧 《여량》을 드러내, 마르크스의 잉여와 막스·베버의 항속적 잉여가 빠진 착종과 저급한 굴레를 휘저어 참으로 정선아리랑 1200곡과 같은 〈시김새〉와 〈나툼새〉의 세상을 만들어 내고자 한다.

다시 말한다. 〈목호시〉의 풍류역의 목표다.

그것이 진정한 화엄개벽의 대해인의 길, 미륵세상, 이른바 궁예가 꿈꾸고 또 실패했던 바로 그 길이 아니었겠는가!

나는 요즘 세상의 '부처님'이 꼭 절집에만 산다고 생각하는 불교를 우습게 생각한다.

한마디로 하자.

'호好, 불호不好'를 넘어 참으로 '미美, 추醜'의 날카로운 구별을 통해서 〈판단력과 비판력의 어물쩡한 차원을 뛰어넘는 경지〉 즉, 원효元曉의 《판비량론判比量論》의 차원에서 〈물건을 사고 파는 장바닥의 일상에서 도리어 참 부처를 찾는 길〉, 나는 그것이 오늘의 〈여량 복승의 길〉이라고 믿는다.

오줌과 설사와 같이 들끓는 여행길에서도 가리파제 밑의 〈옥전〉에 들어서면 오줌은 싸도 설사는 중지하는 것은 왜인가?
가차히 〈가막산 백련사白蓮寺〉가 있어서이다.
독초(가막산)위에 약초(백련사)가 있어서 그것이다. 박달재가 가깝고 명암호가 가깝고 제천의 문바위, 의림지가 가깝다. 곧 〈여량〉이다. 그야말로 보석이다.
이것은 우연의 일이 아니라 약과 독, 밝음과 어둠을 연결 속에서 파악해온 동양 우주생명학의 기본 질서인 것이다.
그렇다. 바로 이것이 곧 〈여량〉의 원리다.
그래서 풍류역이고 더욱이 그 〈목호시〉가 되는 것이다.
동양사회경제학東洋社會經濟學의 핵심원리는 무엇인가?
〈산상지유수〉다. 〈산 위에 물이 있음〉이다.
바로 유목민의 〈교환〉과 농경민의 〈호혜〉가 서로 만나 융합함이다.
신시神市요 호혜시장, 다시 말하면 바로 그 근본에서 오는 (마르크스의 잉여와 막스·베버의 항속적 잉여의 근본적 융합인 우주생명학적 여유인) 〈여량〉을 목표(목호시)로 한 여유로운 문화생활(풍류)의 원리인 것이다.

〈산 위의 물〉이야기는 이미 했다.

문막과 부론사이의 흥원창, 삼강합수처三江合水處에 우뚝 선 〈월봉〉이 그것이다. 그 다섯 봉우리 중 두 번째 위의 '샘터'가 있다는 것이다. 그래서 그 밑에 있는 여러 중요한 예부터의 길 이름이 〈앙암로仰岩路〉다.

그리고 그 근처는 모두 오래된 예부터의 〈장터〉, 그것도 〈호혜시장〉, 불교, 화엄불교적, 또는 법상종法相宗스타일의 〈중장터〉, 또는 남한강南漢江과 북한강北漢江사이의 〈팔당장〉등이 바로 〈산 위의 물〉의 현현처顯現處들이다. 그것이 바로 지금 말하고 있는 〈목호시〉의 초점이 된다. 즉 '풍류의 초점'이 곧 '장사의 초점'이다.

이것은 칸트kant의 〈판단력 비판〉과 원효의 〈판비량론〉의 초점들과 어떤 관계인가?

〈유타·베름케〉의 〈미학과 경제〉의 초점과는 어떤 관계인가? 그리고 최근 머리드는 미국 다대수의 마트와 몰에서 (한국 중부영역에서도) 머리드는 40대 주부들의 '물건 사는 판단의 초점'과 무슨 관계인가?

왔다!

한 '끄트머리'가 온 것이다.

바로 〈신시神市〉다. 〈참 신시〉!

이것이 무엇인가?

〈여량〉과는 어떤 관계인가?

참 신시!

목호시의 풍류!

장사의 초점이 풍류의 초점, 해탈의 초점이 되는 신시의 참! 바로 여량이다.

세상이 실제로 조금이나마 그리로 가고나 있는가?

있다.

무엇이 그 증거인가?

IT 기업가들의 도사연道士然하는 기풍경이다.
(병신년, 2016년, 1월 20일 조선일보 제 17면)

빌 게이츠와 잡스였던가?

아하!

그러나 그 길은 이미 수천년 전의 〈화엄경〉에도 열려 있었다. 우리가 못 알아봐서 놓치는 것이다.

화엄경 탄허본 신화엄경 제 16권 〈자재주동자自在主童子〉부분을 보라.

옛 동양의 과학科學과 지혜知慧가 넘치고 있다. 요즘의 〈KT〉와 제조업 관계가 거기에 없을 것인가?

또 있다. 또 있다.

〈풍류〉에 이어, 정유림의 고조선 시대 풍류학과 그 뒤를 이은 신라新羅의 최고운崔孤雲을 보라!

그 뒤에 또 수운 최제우水雲 崔濟愚에서 이어진다.

이것은 이제 풍류역에서 목호시로 클로즈업 되고 있다.

그 〈경제와 ICT의 융합요구인 제4차 산업혁명과 김일부 정역의 〈십일일언十一一言과 십오일언十五一言의 이원집정〉이라는 《초승달과 보름달》이 솟아오른다 ("불함不咸"이다.)

아!

이것을 어찌 할 것이냐?

병신 2016년 1월 27일 아침
원주시 배부른 산 아래 대안리
홍업신출길 〈다물집〉에서

"불함不咸"의 복승復勝을 생각한다.

어떻게?

"풍류역"이다. 그 역의 시작이 나의 동서에의 '목호시'다. 이 기록 뒤 나는 오늘 나의 차車로 다음과 같이 움직일 것이다. 그 움직임이 나의 풍류역이요《다물로부터의 불함》이다.

다음 그것은 복승할 것이다. 그 복승을 위해 나는 〈모심〉을 실천할 것이다. 그리고 수운은 이미 〈남진원만북하회南辰圓滿北河回〉를 확언하셨다. 또 해월海月은 이 코스의 서북에 이미 묘소를 (수왕사水王寺)에 두었다. '원적산 천덕봉'이다.《월봉(흥원창)과 앵봉鶯峰》사이에!

또 원주 북쪽의 "주산–고산–영산" 사이에 (삼산문三山門), "갑오리甲午里의 갑년甲年의 죽음"을 예언했다.

나는 간다.

'풍점고개'는 오르지 않고 생각하며 둘러간다.

나의 풍류다. 그러나 '그리고 목호시'다. 역을 찾아서!

어디로?

출발은 나의 집 대안리 밑 흥업사촌의 〈다물집〉에서 시작한다.

대안리 흥업신촌의 〈다물집〉에서 대안리 입구를 지나 배부른 山 밑으로 해서 아아 그야말로 〈불함의 길〉을 찾아간다. ('풍점'은 들리지 않고)

대안리에 배부른산 밑을 지나 만종으로 간다. 만종에서 지정 '신풍'저수지를 지나, 아아! 임윤지당의 묘소를 지나 원진袁眞장군 묘소도 지나 섬강 건너 서봉산棲鳳山아래 흥법사지興法寺趾를 지나 칠봉七峰(향산 밑 해월선생 사여월봉피신처四如月峯避身處는 임씨任氏 생가터

生家터는 가지 않는다. 평소 많이 갑오리와 영산英山함께 다녔으므로) 으로 해서 주산走山 앞으로 태장을 지나 흥양興陽으로 간다.

병신 2016년 1월 30일 제주 서귀포西歸浦에서 돌아온 뒤

36보병사단이 있는 흥양에서는 치악산 밑 (잔산이 없는 넓은 골짜기 '한골'을 뜻하는) 〈황골〉이다. '하률사, 점쟁이골'과 '춘앵이집, 한식집' 입구 지나 입석 대 입구가 원천석(운곡) 묘지인 석경사石經寺를 지나 '황골과 행구동 사이, 향로봉과 곧은치 사이'를 지난다.

나는 이 길, 이 '치악산 밑 길'을 매우 크게 중요시한다. 과거 무속(백두산 이후 천부경계와 예맥 이동—치악산 양길의 입산入山 3000, 입야入野 4000의 신림 정착 산해경계 사이의 복잡미묘한 관계)과 불교와의 오래된 사상 관계(지금도 이것은 그대로 남아있다. 이것은 앞으로 〈크게, 아주 커다랗게〉 클로즈업 될 것이다.

신당·굿당이 〈사寺〉 밑에, 만卍 표시 밑에 흔히 있고, 점쟁이 무주리가 천당天堂, 〈사〉 아래 흔하게 있다.

이것은 무엇일까?

유럽에서 우주의 지구침식이 심해지고 현실의 실증적 사회·자연과학으로 하나 하나 해명되지 않는 조건, 이 조건에서 과거 유럽의 미신迷信인 샤머니즘과 마술이 머리드는 것과 연관이 깊다. 특히 젊은 층에서 점쟁이 찾아가 운명과 운수를 점치고 'Hell Korea'소리를 유행어처럼 떠들어대는 것은 바로 한 물결이다.

이것을 어찌 보고 어찌 해결할 것이냐?

국회에서 국회의원이 점쟁이를 국회건물에 불러드려 〈무꾸리〉를 행했다. 기독교 단체가 항의로 난리다.

이것은 무엇인가? 간단하다.

18세기, 19세기, 20세기 까지 서양을 중심으로 온 세상, 특히 지식층을 사로잡았던 우주, 지구, 생명에 대한 〈과학〉의 획일적 지배가 무너지는 현상이다.

그 결과 우리나라의 〈무속〉과 〈미신〉까지 흔들리고 있다.

이것은 어떻게 해결하며 무엇을 끌고 올 것인가?

왜 치악산은 무속이 들끓고 있는가?

그리고 봉양과 박달재, 백운白雲등이 신림과 함께 어째서 무속이 가득한가? 근원은 '예맥'과 산해경의 흐름이다.

궁예가 찾으러 왔던 치악산 영원산성 양길楊吉의 입산 3000과 동시에 들어온 입야 4000의 '예족'(맥은 없다)이 문제다. 그들의 신앙은 곧 산해경과 같은 무속이다. 그래서 원주 토박이들이 〈텃세〉를 모른다

이른바 산해경에 있는 예맥풍속인 〈호생불살생好生不殺生, 호양부쟁好讓不爭, 불사군자지국不死君子之國〉의 바로 그 《호양부쟁》이 바로 《텃세모름》이고, 바로 이것 때문에 궁예는 '새 나라 즉, 화엄의 새 세계를 세울 백성의 품성'이라고 짐작하고 (그 스승인 〈직예〉로부터 배운대로) 양길을 찾아 원주 치악산에 온 것이다.

간단치 않다. 오늘 이것은 무엇을 의미할 것인가? 이른바 이 〈원만의 땅〉에 어떤 관계인가?

이 〈원만〉의 참뜻은 무엇인가?

그대로 옛것이 살아나고 있다. 그러나 그대로는 아니다.

어떻게 살아날 것인가? 이 역시 나의 풍류역과 목호시目虎視의 초점이겠다. 그리고 복승이다. 그래서 〈모심〉이다.

간다. '향로봉'에서는 곧은치 아래쪽 행구동 길을 지나 백운산과 서석로 쪽의 흥업으로 간다. 흥업에서 〈양안치(兩岸峙)〉를 지나 귀래로, 카틀리시슴의 동방고장인 백운산과 대응해 서있는 화엄불교의 귀래 미륵산 사이의 양안치, 그 사이의 (철원 태봉국 대 영역에서 남하南下한) 궁예의 〈곰네미길〉과 선종의 천은사, 그러나 그에 못지 않게 현대에 와서 중요한 곳,

'흥업과 원만'의 숨은 사명을 가진 박경리의 〈토지문화관〉이 매지리 회촌의 《십오일언처봉十五一言處蜂》아래 자리잡고 있는 것은 매우 중요하다. ('151'은 정역풍수正易風水)

또 있다.

궁예가 처음 양길을 만나러 들어갔던 치악산 금대리(회론길) 왼쪽 봉우리. 〈큰곰바위〉와 양안치 천은사 앞길 〈곰네미길〉의 중첩된 의미와, 또 있다. 큰곰바위 바로 앞 길건너 백운산 안에 있는 (육조 혜능계慧能系 선종 사찰인)금선사의 돌미륵과 역시 혜능계 선종인 천은사의 돌미륵이 똑같이 '큰곰바위'와 '곰네미길'(길가에는 '곰네미길'이라는 돌비석도 있다.)을 향해 〈비웃음〉을 웃고 있는 실정이다. 무슨 뜻인가? (이 비웃음의 그늘을 잘 밝혀야 한다.)

이 경우 〈곰〉은 치악산 등 산악 무속에서 존경하는 궁예의 상징이다. 이것이 고려시대 선종과 화엄불교 사이의 갈등하는 어떤 관계일까?

그리고 거돈사지居頓寺址와 법천사지法泉寺址 사이의 점봉산 풍점고개에서 죽어갔다는 13명의 승려들 (그 승려들은 거돈사의 선종과 법천사의 법상종이 섞여있다.) 사이의 갈등(당시 불교는 거의 국가사상 자체였다.)과 어떤 관계일까?

그것과 좀재와 손곡蓀谷의 견훤 및 문막의 왕건–궁예의 27회 대전, 그리고 원주 치악산 중심 구룡사의 (궁예가 애호했다는)화엄종과는 어떤 관계인가? 호저의 흥법사(법상종)과는? (그것을 옹호한 왕건과는?)

그렇다면 〈귀래〉는? 미륵산과 귀래, 그리고 신라 마지막 왕 경순왕敬順王과 귀래, 미륵산과 그곳의 경주김씨, 김해김씨, 그의 아들 마의태자麻衣太子와 덕주공주德周公主는?

이 글에서 그곳까지 확대할 수는 없겠다.

마의태자가 오른 금강산, 덕주공주가 깃드린 월악산月嶽山(덕주사德周寺, 덕주루德周樓)과 그 영봉靈峰의 달이 물에 비칠 때 그 뒤로 30년 뒤 여성女性 권력權力에 의해 이루어질 대업(아마도 우리의 민족통일民族統一)의 갈등까지 갈 수는 없기 때문이다.

다만 왜 '귀래'가 되었는가?

왜 전제田制와 종교와 정치 등이 관련되는가?

문명사까지 연관되어 양안치 너머의 백운산 밑 '흥업'에 연관되는가?

이것은 원주와 충주, 여주 등 중조선일대와 민족의 역사와 동해 및 백두대간을 초점으로 하는 이제부터의 새로운 시대, 새로운 (태평양중심)문명의 핵심이 이해되게 된다.

매우 매우 중요하다. 차차 말하자. 나는 이제 다음과 같은 하나의 새로운 문명의 기준테마를 제시하고자 한다.

"아인슈타인의 〈중력파中力波〉가 나타났다. 우연인가? 그럴지도 모른다. 그러나 인류는 블랙홀과 블랙홀, 그리고 화이트홀 사이의 관계조차 낡고 천박한 변증법으로 처리하려는데서 실망한 뒤 갈길을 놓쳤다. 이제 참으로 이른바 북한에서 숙청당한 경락학자 김봉한이 '산알'의 〈복승〉이라고 불렀던 옛 오운지기론의 참다운 우주생명학을 찾아내야 한다.

그리고 이에 따른《바다와 산맥, 그리고 토지》사이의 참다운 새 시대의 문명의 이른바 〈묘연妙衍〉의 만왕만래萬往萬來의 실체를 드러내야 할 것이다. 바로 그것을 이번 여행에서 찾아내자!

"중력파中力波"가 무엇인가를 말하기 이전에 결론에 해당하는 〈바로 그 중력파中力波적인 우주생명학에 의해 당연히 두드러지는 곳, 전 세계(아마도 전 우주 지표地表중에서도 유일하게!)에서도 '유일하게' 두드러지는 곳. 그곳이 어느 곳인가? 그런 곳이 있기나 있는가?

있다!

어디인가?

바로 이곳이다!

이곳이 어디인가?

지금 우리가 찾고있는, 이 여행중인 산천山川〈제주 서귀포 애월涯月에서 강원도 원주의 흥업과 같은 강원도의 정선 아우라지 여량까지!〉다.

그렇다.

〈남진원만북하회〉(수운시水雲詩)의 그 '남진南辰'(제주 애월)과 원주 흥업의 '원만'과 아우라지(정선)여량의 그 '동진東辰'이 원주 흥업중심으로《남북·동서南北·東西의 "대박"·"융합"·"복승"》

(변증법이 천만 아니다! 접근은 가능하다)이 〈이루어짐〉, 즉

동해 및 백두대간과 함께, 시김새·흰 그늘과 함께 새 문명으로 불쑥 이루어짐이다.

《다물에서 불함不咸》이 이루어짐이란 뜻이다.

나는 이 글에서 특히 제주도 서해안의 〈애월〉과 강원도 정선 동북쪽의 〈여량〉을 매우, 매우, 매우 중요시한다.

그것은 방위方位로 보아 〈남〉과 〈동〉이고 정체(正體)로써는 《샛별(辰)》이다. 〈샛별〉이 무엇일까?

〈애월〉의 남진은 수운 최제우의 예언시 〈남진원만북하회〉의 바로 그 〈남진의 남쪽샛별〉에 해당하고, 〈여량〉의 동진은 700여 년전 강릉선비 김주호金周虎의 시행 〈서민동일진西憫東一辰〉과 함께 아우라지에 주어진 이름 그 여량이다.('몽골의 침입당시')

그리고 여량은 본디 기원전 210년경 발해만 북쪽 성철영하聖鐵嶺下의 기인 〈심치제인沈治濟因〉으로부터 동진東辰에 주어진 "농사農事의 사명"이다. (농업農業의 〈잉여〉론 검토!)

또한 〈원만圓滿〉은 원주와 양안치밑 흥업에 주어진 작가作家 박경리朴景利의 〈상징맹호〉다. 무슨 뜻일까?

아아! 그리고 이제 〈대박통일〉〈동·서융합〉〈새 문명의 복승〉의 적시適時가 오고 있다.

이는 고대 한국의 상징,

〈영고迎鼓〉, 〈동맹東盟〉, 〈무천舞天〉, 바로 그것이다.

그것이 현실로 이루어짐(불함不咸)이다.

어디에서? 〈다물〉에서다.

다물이 어디인가? 이 글의 '참으로 결정적인 초점'에 이르렀다. 무엇인가? 어디인가? 또 왜인가?

'풍류역의 목호시', 전 우주생명학-화엄역학의 핵심이라 할 바로 그것, 무엇인가?

장소부터 지적한다.

먼저(우선) 한 곳 《풍점》이다.

《풍점》은 이미 원주시가 유네스코에 문화유산 등록을 신청한 거돈사지(정산)와 법천사지(손곡)사이의 〈점봉산의 한 좁은 고개〉《퉁점고개》다.

또 이 고개는 그 옆의 〈학고개〉와 이어져있고, 이는 결국 미륵산의 (한·중 합작韓·中 合作의 화엄사찰) 용화사龍華寺로 연결되어있으며, 좀재의 십명지十冥地와 부론의 〈월봉 및 흥원창興原槍, 삼강합수처〉로부터 일어나는 〈신당〉이자, 그 옆 귀래의 《디딜방아》인 《흥업》으로 펼쳐진다.

줄여 말한다. 이 경우 나는 단언한다.

《풍점의 펴진 손이 바로 흥업》인 것이다. 대문호 『토지』의 박경리 선생이 말년에 자기 삶의 총촛점인 〈토지문화관〉을 왜 하필 시골구석인 흥업에 세웠을까?

이것은 지금 진행하고 있는 나의 주제에서 아주, 아주 중요하다.

무엇일까?

본인은 〈모른다〉고 답했다. 그러나 나는 여러 해에 걸쳐 이것을 탐색했다. 그 결론을 짤막하게 정리한다.

첫째는

본인 자신이 원주에 첫 발을 딛었을 때, '아, 원만의 땅에 왔구나!' 했다.

이것! 원만의 땅! (무슨 의미일까?)

둘째는

이미 내가 '원주향토문화연구원'에서 발표한 논문 〈양안치〉에 쓴 그대로다 (미륵산·화엄불교와 백운산 신·구 기독교 사이의 동서문명 융합의 길)

셋째는

정역산수학正易山水學(풍수)로 평가할 때,

〈십오일언처十五一言處〉, 바로 지금의 문화원 자리다.

넷째는

〈흥업〉의 지명이다.

(이는 경순왕 정착뒤, 경주 김씨 김해 김씨 등이 토지제도와 교양 사업등으로 귀래에서 양안치를 넘어 흥업으로 넘어와 가르치기 시작하면서 지명을 "흥업(대업을 일으킬 곳)"으로 지은 것이다.)

다섯째

〈남과 북 사이의 양안치〉의 뜻 안에 있다.

이것은 박 선생의 『토지』 등 모든 작품의 숨은 주제다.

나는 여기서도 다음 두 곳에 유난히 눈을 돌린다.

매지리 회촌 동남방 산맥의 중간쯤 기이한 두 산 봉우리 사이의 움푹 들어간 곳, 〈임불새〉(옛 지명으로 두산에서 살 수 없는 기이한 우주조류가 가끔 와서 머무는 곳)와 토지 문화관 건물 바로 뒤편에 서 있는 한 봉우리, (이를 곁 봉우리와 겹쳐 '오봉산'이란 이름으로 부르고 있는데 아니다. 그럼 무엇인가?)

― 대치룡對治龍―무슨 뜻일까?
여기엔 설화가 있다.

첫 번째 산山의 설화 〈임불새〉는
― 내 어느 경우에도 너를 꼭 이곳에서 만나고 말겠다 ― 이고
두 번째 산의 설화 〈대치룡〉은
'서로 마주서 싸우는 듯 하늘의 기운이 용으로 변화하리라'이다.

〈임불새〉는 아주 옛날 (아마도 고조선?) 전설이고 〈대치룡〉은 뜻밖에도 이조 후기의 뜻밖의 서쪽 양평楊平 인근의 실학자들의 방문결과다.

둘 다 이곳을 《기이한 산수》라고 호명한 말들이다.

〈임불새〉에서의 "너"는 〈아주 작은 아기〉다. 그러나 오늘 그것은 무엇일까?

(양안치는 남과 북사이의 고개다.)

〈대치룡〉에서의 "서로 싸우는 두 힘"은 무엇일까? 그것은 오늘 무엇을 의미할까?

('양안치'는 화엄불교와 전통 동양사상의 고장인 귀래의 '미륵산'과

신·구교(무속전설도 포함됨)의 동양침거근거인 '백운산'의 대치다.

오늘 그것은 바로 동서양 사상문화의 '대치'요 또한 '융합'이 아닐까?

박경리 선생이 이곳에 와 첫마디 〈아! '원만'의 땅에 왔구나!〉

한 그 '원만'이 단순히 (최해월 선생이 죽음에 이르도록, 동학 혁명 실패 후 걷고 노력한 바로 그 '원만') 그 '원만'일까?

거기에 좀 더 깊은 명상과 인식이 깔려있지 않을까?

박선생이 양안치 고개 '천은사天恩寺'와 치악산 비로봉 밑 '구룡사九龍寺'를 깊이 자주 찾아든 것은 왜일까?

그 동기가 여주 이화교 밑 〈원적산 천덕봉 밑〉의 해월묘지의 뜻일 뿐일까?

어떤 동기가 있었을까?

나는 그것을 찾아 양안치를 넘는다. 곧 귀래로 간다.

귀래 면 소재지를 지나 미륵산 용암 밑 지차골의 '용화사龍華寺'다. 한·중 합작의 화엄사찰.

이곳이 이른바 '가짜'요 '엉터리'란 설說이 즐비하다. 가까운 귀래 사람들 말이다.

왜일까?

지금 핵심인 〈대웅보전〉을 크게 건설하고 있음에도 그렇다.

왜일까? 왜일까?

그러나 그 '절(불찰佛刹)'이 날림이요 그 '중'들 (불승佛僧)이 엉터리라는 설을 나는 그저 웃음으로 지나친다.

왜?

이곳에서 가장 중요한 것은 그들(찰刹, 승僧)이 아니라 바로 그 배경과 그 밑바닥의 《불명佛冥》이다.

명冥

이것이 곧 이곳 《미륵 용화龍華의 비밀》을 지닌 《암》인 것이다.

《암》은 무엇일까? 밝혀야 한다. 그러려면 〈좀재〉로 가야 한다.

〈좀재〉 그 〈꾀죄죄한 고개 아닌 고개〉, 바로 그 《십명지》를 밝혀야 《미륵산 용화사의 그 지차골의 까닭》이 밝혀진다.

그리고 그곳(좀재)에서 바로 그 앞의 거돈사지 뒤 《풍점고개》와 《학고개》와 작은 물 '거론居論'를 밝혀야 한다. 그러려면 그 뒷산 〈점봉산〉과 그 밑의 《법천사》 그 앞의 《벌판과 작은 산》, 그리고 삼강합수처(섬강, 단강, 한강의 합수合水 '창말의 흥원창')의 《부론》을 밝혀야 한다.

그리고 이어 《월봉》!

아아! 이곳이 어디인가?

이곳이 실제에 있어 한반도의 참다운 중심中心이다.

앵봉은 다섯봉우리의 두 번째의 큰 봉우리 위에 "샘터"가 있다.

《산상지유수》인 것이다.

이것이 무엇인가?

이 때문에 이곳이 바로 〈한반도의 중심中心〉이 되는 것이다.

왜?

이것은 전세계, 특히 고대 아시아 경제·사회·역사 문제에서의 핵심이라 할 《유목민의 교환》과 《농경민의 호혜》 사이의 문제 중심이기 때문이다.

〈산상지유수〉는 그 두 문제의 상관과 융합의 상징이기 때문이다. 이래서 양경兩經이라 할 《주역에서의 산택통기山澤通氣》과 《정역에서의 간태합덕艮兌合德》으로 이것이 나타나있다.

또한 이는 '산악山岳과 해양海洋'의 문제이기도 하다.

바로 이 '월봉'과 이천군 설성면 수산1리에 있는 '앵봉'으로, 가고오고 꼭 2시간은 반드시 탐색되고 익숙해져야 할 한반도의 〈참 중심中心〉이다.

'앵봉'은 동학창시자 수운 최제우 선생의 시 〈산수지유수〉의 실천자 해월海月 최시형崔時亨(제2대 교주)선생이 숨어있던 곳이다.

이곳에서 나는 그야말로 세계의 우주생명학 역사의 참 중심을 발견했다.

그것은 바로 해월 선생의 말,

"이곳은 후천개벽을 참으로 동학과 서학이 함께 이루어 낼 바로 그 개벽의 장소이니 나를 이곳에 묻어주기 바란다."

이것이 "곤지암 입구의 주놋거리" 주막에서 한 말이다. 처형 뒤 그대로 되었다.

동학과 서학('요섭'가담)이 함께 종로바닥에서 시신을 둘러메고 와 이화교 밑(강가의) "원적산 천덕봉"에 묻은 것이다.

동학 교주가 죽은 뒤 자기 관이 없는 객지(여주군)에 묻힌 것은 전혀 예외다. 그것은 바로 박경리선생의 첫마디 "원만"의 근거다.

무엇인가? 수운 최제우선생의 시구詩句(매우 중요하다)

〈남진원만북하회〉다.

무슨 뜻인가?

그렇다. 이것이 바로 이 〈풍류역〉의 가장 중요한 중심주제 세 가지 중의 하나다.

그리고 지금 진행하고 있는 논의와 여행.

《애월에서 여량까지 가는 과정의 흥업의 풍류역》 주제인 것이다.

한달 전, 그러니까 2015년(을미乙未)말, 2016년 1월(병신)초, 음악가 '금난새'씨의 초청을 받아 제주도 서귀포의 신라호텔 서양인 음악연주회에 참석한 것이다.

횡성쪽에 있는 원주공항에서 비행기로 갔다.

참으로 참으로 기이한 여행이었다.

우선 세 가지다.

서귀포연주회,

애월

그리고 길 위에 붙인 플랫카드의 '세계평화의 새 성지 제주도'였다.

그 여행을 설명하면서, 다시금 "흥업과 풍점의 깊은 의미"를 자세히 말한다.

도대체 원주에 제주도 가는 공항이 있는 것부터가 기이하고 또 기이하다. 그것도 횡성 벌판의 전투비행단 소속 항공기지 옆에 붙은 '제주행'만의 유일공항!

기이하다. 왜?

이곳은 한국동란 당시 치열한, 그리고 아주 아주 지독한 '엄정군사력기지'였다. 그 이후로도 공습과 군사적 전란 영향으로 허허벌판으로 폐허가 된 땅이다. 이곳에 공항空港이, 그것도 '제주도로 가는 공항'이 생긴 것이다. 바로 이곳을 "원만의 땅"이라 칭한 박경리 선생의 지혜 또한 〈기이한 것〉이다.

왜?

비행기를 타고 가면서 내게 대답을 준 것은 바로 지금 풍류역 쓰고 있는 나의 사상적 근원인 옛 사람 정유림, 최치원 그리고 최제우과 김범부 선생들이다.

풍류역의 핵심인 한마디, 〈목호시〉다.

이것이 무엇인가?

'아무리 느슨하고 헤벌레한 자연이요 풍류요 예술이라 하더라도 그 진수를 꿰뚫으려면 — 호랑이 눈으로 집중해 노려보라! — 그래야 전체는 아니라도 과반過半의 〈참〉이 쏙 들어오게 된다.'

그것이 '호랑이 눈' 목호시인 것이다.

또 이것이 동양의 예부터의 "풍류의 역", '예술과 자연의 비밀지혜'인 것이다. 범부 선생이 강조한 바다.

6

이날, 하늘은 한없이 흐렸다. 비행기는 남도 천지를 지나 순식간에 제주공항에 착륙한다.

전에 와 봤던 제주가 아니다. 전혀 다른 〈참으로 화려한 제주〉다.

이것이 오늘 내게, 우리에게, 세계와 우주에 있어 그 무엇일까?

다시 차는 남쪽의 서귀포를 향해 달린다.

아아, 산천!
아아, 나무들! 숲들! 길들!

기가 막히게 아름답다. 제주시의 범위도 크게, 크게 확장되어있다. 그 큰 길 한복판에 커다란 플랫카드가 걸려있다.
"새해 평화의 새 성지 제주"
'세계 평화의 새로운 성지聖地'
성지?
자! 이 말은 간단하지 않다.
그렇다면 제주가 이제부터 세계 정치의 초점을 긁어드린다는 것인가?
물론 중요하다. 그러나 "성지"라고 부를만한 것은 아니다.
분명히 하자. 나는 서귀포에 들어서면서 이를 명백히 속으로 인식한다.
"절대로 아니다. 그럼 무엇일까?"
금난새 씨의 열 일곱 번째 음악연주회가 열린다. 바로 이것이다.
이것! 서양인들이 연주하는 서양음악이 그 클래식이 이곳 "세계평화의 새로운 성지 제주도" 그것도 〈서귀포〉에서 열린다.
'멘델스존'의 어려운 음악이다.
왜 이것이 이곳에서?
그렇다. 이것을 깨달아야 한다.
〈신의 탄식〉이라 부르는 그 음악! 〈신의 호흡〉이라고까지 불렀던 멘델스존의 금난새 서양 스타일 연주가 이곳 서귀포에서 열일곱 해

동안 열일곱 번이나 열리고 있다.

왜?

돌아오는 길에 그 열쇠가 있었다. 길 옆에 〈애월〉이라는 해녀海女들의 포구 이름이 팻말에 꽂혀있다. 〈김만덕〉의 "애월"!

아아 이것이다.

이 "애월"과 강원도 백두대간의 정선아리랑의 고장 〈아우라지〉의 본명 "여량"!

그리고 원주 매지리 회촌의 박경리문화관이 있는 〈흥업〉

변증법이 천만 아니다! 〈오운육기五運六氣〉에서의 그 《복승》이다.

이것! 이것을 보러 나는 제주 끝 이어도 바다 앞 서귀포에 〈신의 탄식·신의 호흡〉을 들으러 간 것이다. 그것이 "세계평화의 새 성지"란다!

아하! 의미 있다.

쉽게 말해서 판소리와 탈춤과 메나리, 육자베기 〈시김새〉의 고장 전라도.

장바닥의 근대 명물 〈김뺑덕〉의 선조 〈김만덕〉의 고향 "애월"!

그리고 시김새의 원천(송흥록 설設)인 정선 아우라지의 본명 "여량"!

여량은 마르크스 자본론의 근원인 〈잉여〉와 막스·베버의 크리스찬 자본주의의 핵심인 〈항속적 잉여사여의 양자 극복 근원인 심치제인과 김주호의 전설적 〈근원 잉여론—"보지·한"(자궁속의 우주)의 바로 그곳 이름이다.

이세돌 9단을 압도했던 알파고AlphaGo의 AI는 인간멸종의 신호 스티븐·호킹의 〈100년 안에 인간지능은 끝난다〉는 주장인가?

그것을 극복할 김봉한金鳳漢(40년 전에 김정일에게 총살당한 북한 경락학자)의 "혼돈뇌"주장 〈19세기 말 중국·한국의 여성·아기들 그리고 소수의 못난 남자들의 몸속에 "회음뇌"가 발생했다.〉는 주장이 바로 동학의 주문 맨 앞머리《지기금지원위대강至氣今至願爲大降, 시侍!》를 회음에서 외우는 독특한, 내 스타일의《不咸풍류역》주문수련,

2000년 전 당唐나라 명의였던 손사막이 발견한 여자 경락의 〈천응혈〉, 〈아시혈我是穴〉, 바로 그것 아니냐!

'싸르코스 볼'(러시아 출신 미국 뇌 생리학자)의 '17식'(혹은 19식이라고도 부르는)이라는 〈초의식·무의식·심층의식·우주확대의식〉 바로 그것 아닌가! 아닌가!

내가 그 자리에서 한 마디로 멘델스존의 연주 소감을 금난새씨에게 표현하여《in my pocket!》이라고 직언直言한 바로 그것!

바로 그것이 다름아닌 풍류역의 핵심인《목호시》(범부 선생의 지침) 바로 바로 그것이 아니던가!

그것이다!

《지기금지원위대강至氣今至願爲大降, 시侍!》말이다.

지금 한국과 동양은 '알파고' 때문에 난리다.

좋다! 그러나 나의 답변은 하나!

《이미 1만 4천년 전 파미르에서 시작된 팔여사율의 '다물'에서 그 뒤 천산天山을 거쳐 바이칼로 이동한 뒤, 환인, 환웅과 그에 이어 북

만주의 웅녀熊女와의 혼인으로 형성된 '불함不咸'에서 세 가지,
'영고', '동맹' '무천'에서 성립된 집약인 "풍류(시김새 등)》
아아! 바로 이것이다.
회음회. 천응혈, 아시혈, (손사막)
17식識 또는 19식識(싸르코스 볼). 이를 – 'Alphago' 따위가 당할쏘냐!
허허허
'궁궁태극弓弓太極'에도 바로 간다! (동학 주문呪文)
나는 이 시기 우리의 역사적 지혜가 바로 그것, 다름아닌《지기금지원위대강至氣今至願爲大降, 시侍!》라고 믿는다.
이것이 곧 회음회요 천응혈이요 아시혈이요 '17식識~19식識'이요 여량이며 아우라지요 두물머리이니 곧 양안치 흥업이며 애월이고 곧 "Aura"다.
'Alphago'니 '9단'이니 당할 소리냐!
서기전 210년 경 발해만 북쪽 성철령 밑 기인이었던 심치재인은 농사의 모든 수확을 〈여량〉이라 부르며, 무슨 뜻이냐고 묻는 이웃에게, 〈먼 훗날 동쪽에 열릴 서문명의 이룸이다. 이 여량 앞에서는 일절一切의 불합리不合理한 일도 일절一切의 천리에 어긋난 일도 없을 것이다.〉라고 했다.
몽고가 한반도를 침략했던 고려말 (지금부터 700년 전) 강릉선비 김주호는 '아우라지 마을'에 와서 반년간 쉬면서 〈서민동일진西憫東一辰〉(서쪽은 침침한데 동쪽에 샛별 하나가 떴네)〉이라는 시구詩句와 함께 이 마을에 〈여량〉이란 이름을 주어 지금까지도 이 마을의 공식 이름이 되어 있다.

"잉여"를 말한다.

그러나 그 뜻 밑에는 마르크스의 〈잉여〉와 막스·베버의 〈상여常餘·항속적 잉여〉라는 공산주의, 자본주의 경제이론의 기본인 잉여론을 "다 포함하되 다 넘어서는" 근본적 《아우라로서의 잉여론》이 숨어있다.

이것을 어찌 생각할 것인가?

〈애월〉은 또 무엇이냐?

서귀포에서 제주항으로 오는 과정의 제주도 서쪽의 유명한 해녀마을이다.

나는 서귀포에서의 문화적 충격을 〈애월〉이란 해녀마을 이름으로 포괄 흡수한다. 이조 정조 당시의 저 유명한 제주 해녀출신의 큰 장삿꾼 부자 〈김만덕〉은 바로 이곳 애월출신이다.

정조가 다섯 번을 놀라 칭찬했다는 〈김만덕〉 짝퉁의 여자들 혁신계꾼 장사치들이 남도(전라도, 경상도, 충청도 해안)에 수두룩하다.

그 대표격인 목포시장의 유명한 포목장사 〈김뺑덕〉은 가난한 아이들을 지원하는 계꾼들의 왕초로 소문난 〈지생당支生堂-"수왕회水王會" 계열의 조직-계-이미 나는 나의 책 "수왕사"에서 언급한 바 있다.〉 출신이다. (그리고, '다섯척의 배'에서 자세히)

이것을 어찌 할 것이냐?

〈애월〉(제주도와 전라·경상·충청의 해녀등의 여자혁신모임-"계")과 강원도의 동편 아우라지의 〈여량〉을 어찌 할 것이냐?

여기에 원주의 〈흥업과 양안치〉가 〈양평의 두물머리〉와 함께 어떤 "새 개벽의 앞장"에 선다면?

원주는 말했다.

그럼 양평의 〈두물머리〉는 어찌할 것이냐?

자! 이제부터다.

나는 이 모든 "남과 동의 샛별"(수운의 '남진원만북하회'의 진과 김주호의 '서민동일진西憫東一辰'의 진, 그 남쪽과 동쪽의 새 문명사적 의미-토인비 연관)이 흥업의 〈원만〉와 직결된《새 문명의 동북아세아론》으로 검토해야 된다고 생각한다.

문제는 바로《지기금지원위대강至氣今至願爲大降, 시侍!》에 있다.

여기에서 동東과 남南이 바로 토인비의 〈동북아세아론東北亞細亞論〉과 불일치不一致한다고 시비거는 자가 있을 수 있다.

그러나 이것을 잊지 말라!

동과 남은 "진" 즉 우주생명의 복승의 실질적 지리 요건이고, 동북아는 유럽의 지식인이 보는 세계지도상의 새문명 가능성의 지역인 것이다. 시비 자체가 무의미하다.

진辰의 남과 동!

민족 정체전통의 "다물多物(바로 진!)"과 "불함不咸"(불감, 밝은 어둠, 흰 그늘, 어둠자체로부터 흰 빛이 솟아오름, 팔관, 쑥대머리 시김새, 영동천심월影動天心月, 궁궁태극ㄹㄹ太極, 또 나아가 남도 전통민예인 말춤, 품바, 입방구, 걸뱅이, 각설이타령에까지!

하나도 이상하지 않다.

하하하하하!

내가 이제껏 다루어온 제주 돌아온 여정 이야기는 이 책 처음에 제시한 바로 '풍류의 역易추구'의 핵인 〈목호시〉 바로 그것이었다.

이것이 곧 동아시아 태평양에 이제부터 빨리 형성되어야 할 새 문명의 중심고리 바로 그것이다.

아니냐?

그렇게 필요 없다는 거냐? 망원경, 현미경이 나들고서 VR, AI타령하고, AlphaGo 찬탄이나 하고 자빠졌으면 다냐?

그것이 왈 〈진보〉냐?

VR·AI 선진적으로 융합하고 AlphaGo 예리하게 활용, 활용하면서도 동양 나름, 우리 나름의 〈창조〉를 예리하게 해야 할 것 아니냐!

그것이 똑같은 순간 똑같이 망원경이나 들고서

〈서울 통치기관을 죽탕해 없애버리고 무력으로 단숨에 쓸어버려 통일하자!〉고 왕왕대는 김정은과 다를 게 무엇이냐?

그것이 또 〈진보〉냐?

물어보자! 도대체 〈진보〉가 무엇이냐?

허허허!《똥으로 주둥이 까는 것》이냐?

아니냐? 아니라면 도대체 무엇이냐?

참! 〈진보〉란 바로 이미 강조한 바 있는 《지기금지대강일시至氣今至大降一侍》바로 그것이다.

천응혈, 아시혈이요 싸르코스 볼의 〈17식·19식〉이요, 회음뇌의 복승이다!

아니라고 말할 자신 있느냐?

허허허허허! 허허허

한마디만 꼭 하자! 무엇이 진보냐?

식은 땀을 흘리면서 참 대답을 해야 한다.

함부로 진보, 진보 나불거리지말아!
구역질 난다. 에잇 퉤!

7

어제, '2016년 3월 27일 오후 2시' 현재로, 이곳 원주시 소재 부론면에서 〈노림, 법천, 손곡의 항일 독립 만세 3월 운동기념식〉이 있었다.

그 행사로부터 원주시 일대에 옛날의 그 항일 운동이 일어나기 시작했다고 한다.

이것은 무엇일까? 이것은 참으로 중요한 '새 시대의 새로운 개벽'을 알리는 중요한 신호탄이다.

왜?

자, 이제부터 이 지역의 역사에서 완전히 잊혀진 참으로 "샛노오란 세계사世界史의 중대 폭발과 진행"을 제시해야겠다.

'견훤'을 알까?

후백제後百濟를 창조한 '견훤'이 이 고장과 직접 관련돼 있다면 어찌할 터인가?

'손곡'! 그리고 '좀재'

또 '부론'과 '앙암로'와 흥원창의 창말과 홍호, 노림 등은 모두 다 견훤이 15만 정예병력을 매복시켜서 자기 왕국을 세우고자 꼭 5년간 점령했던 지역이다.

이곳에서 그는 무엇을 했을까?

'후백제'를 세우려 했다. 이는 이후 경주침공과 궁궐 및 궁녀宮女-왕족여성王族女性들 대 강간사태에도 실패, 쫓겨나서 전라도 전주로 달아나 그곳에서 후백제를 세우고 이후 죽는다.

잠시 그가 손곡孫谷과 좀재, 부론에서 약 5년 간 어떤 행태를 보였는지 말해야 하겠다.

견훤은 본디 전라도의 백제계열이나 이후 경상도 상주에 와서 벼슬을 하여 신라의 고관을 지냈던 인물이다. 그는 손곡을 제 왕성으로, 좀재와 부론을 제 왕성의 외곽으로, 창문으로 평가했었고 거기서 유명한 〈잡설〉을 드러냈었다.

그것은 〈좆이야기〉다. 당시 신라는 왕녀와 궁녀들의 농간으로 망하고 있다고 소문이 파다했는데 바로 그것에 초점을 맞추어,

'내 좆은 조그맣지만 굉장한 힘이 있다. 그 힘으로 신라의 계집들을 모조리 허물어트리고 말겠다.'

이 말은 유명하다. 그래서 그곳 강변의 언덕길이 〈좀재〉가 되었다 한다. 〈좀재〉는 〈꾀죄죄한 고개〉를 뜻한다.

그리고 그곳 주변의 늙은이들과 여편네들 사이에 〈저 꾀죄죄한 좀재, 견훤의 '자지'가 결국 부론의 '큰 보지'에 퐁 빠져죽을 것이다.〉라는 뒷소리가 무성했다 한다.

〈부론〉은 바로 좀재와 붙어있는 삼강합수처(경기도 한강, 강원도 섬강, 충청도 단강)도 〈론〉이란 〈물〉의 원주 사투리다. 풍부한 물, 즉 '큰 보지'를 뜻한다.

하기야 그 뒤 4~5년 뒤 견훤은 경주로 내려가 궁궐의 여성들을 대규모 겁간하여 죽였으나 폭동의 형태로 반란이 일어나 도망하여 결국 고향인 전라도 전주에 가서 〈후백제〉를 세우게 된다.

바로 이 전설이 〈좀재〉의 뒷 이야기다. '불교 풍수'에서는 이 좀재를 '십명지+冥地'라고 부른다. 명冥은 바로 토굴, 구멍, 푹 꺼진 물가의 저지대 등이다. 그러나 이것은 스캔들만이 아니다.

십명지의 풍수 지리적 특징과 함께 그 앞 법천사法天寺의 "중장터" 등에 연결되고 그 앞 흥원창의 〈월봉〉에 직결되어 부론과 좀재의 앞 길을 예부터 〈앙암로〉라 불러왔다.

달 강건너 앙성仰城가는 길 이름도 〈앙암로〉이니 이는 다 《월봉》을 〈우러러 숭배한다는 뜻〉이다.

왜?

바로 여기에 이곳의 고대 이래의 유명한 〈경제학적 비밀〉이 숨어 있다. 무엇인가?

"산상지유수山上之有水",

월봉 두 번째 봉우리에 샘물이 있는 점이다. (월봉은 전체가 다섯 봉우리다.)

〈오봉五峰에 산상지유수山上之有水〉란 동양 고대부터 유수한 세상의 비밀 좌표로 여겨져있다.

산은 간단히 남성이요 유목민 지배의 〈교환 시장〉, 수는 간단히 여성이요 농경민들의 〈상호호혜〉 시스템이다.

이것이 법천사(법상종,유식학)의 〈부론시장〉과 섞였다. 무엇이 나왔을까?

거기에 '노림'의 한백겸의 〈기전제箕田制〉와 〈대동법大同法〉이, 또 '홍호'의 월봉 한기악의 토지정리사업이 뒤를 이었다. 무엇이 뒤따랐을까?

당연하다. 저소득층의 토지소득을 높이고자 하는 몸부림이다.
그것은 이른바 '범좌익' 현상으로 번진다. 이것은 곧 잇달아 '범우익'의 이른바 〈반동反動〉이 제도적으로 뒤따르게 만들었다. 그래서, 이곳이 해방전후한 시기에 '좌·우익 갈등'을 심화시킨 한 지역이 된다.
이것은 그 뒤 어떤 현상을 가져오는가?

기이하다! 매우 기이하다!
우리나라 역사에서 이 기현상을 반드시 기억하고 염두에 둬야 할 독특한 법칙대등의 역사 현상이라 해야 할 것이다.
그것이 무엇일까? 이 근처에서 지금도 그 이름이 남아있다 〈청주 한씨들〉은 누구일까?
이조 선조당시 영의정이었고 주역의 명인이며 기전제(중국 정전법의 한국판)의 수행자이자 대동법의 시행자인 '노림'의 〈한백겸〉과 그 후 '홍호'의 〈월봉 한기악〉은 도대체 누구였던가?
요즈음 같으면 바로 〈좌익〉이다.
그러나 이제 그들의 토지사상을 낱낱이 살피는 과정이 필요하다. 특히 월봉의 〈산상지유수山上之有水〉가 미친 이 근처일반에 대한 토지 경제 사상과의 관계가 단순히 〈좌익〉으로 끝날 수 있는가?
천만의 말씀이다! 그렇다면?

바로 그렇기 때문에 나는 자주 자주 범부凡夫 선생의 〈목호시目虎視〉를 거론한 것이다. 그래야 큰 사상으로서의 우리 민족의 〈풍류〉가 "역"의 차원으로 올라선다.

문제의 초점 중의 초점은 고려 공민왕 때 〈신돈〉이 토지개혁 때 세 번이나 손 댄 이 근처 (귀래)의 쌀 중심 경작지 〈개미토盖米土〉와 그것은 잡곡 중심으로 전환한 양안치 너머 흥업방향의 〈실지전實地田〉사이의 관계다.

이것은 큰 역사적 사건인 것이다.

특히 그 연관 속에 근처의 유행인 〈둔전〉이 있다.

자! 이것, 이 〈둔전〉의 확산은 이제 우리에게 앞으로 무엇을 예감시키는 것일까?

〈호혜시장〉과 〈획기적 재분배〉 (칼·폴라니의 '대전환') 그리고 북한의 '장마당'과 남한의 '5일장' 및 '프리미엄·아울렛'등의 새융합,

바로 전 세계에 지금 들끓기 시작하는 〈새 시장〉 즉 《산상지유수》의 현대화 바로 그것이다.

그렇다면?

8

어제, 2016년 4월 9일 오후 NASA는 "우주기후의 극심한 변화로 지구 북극의 물에 큰 변화가 나타나면서 〈지구 자전축〉이 이동하기 시작했다"고 발표했다.

〈지구 자전축〉이라면 바로 〈경도〉를 말한다. 그것은 이미 3000년 전 주역周易이 나오고 주공이 그 역易의 지구관으로 통치할 때 북극 우물의 변화와 함께 "서쪽으로 이동한 것"이다. 그것이 이제 정역(김일부金一夫, 1885년)과 함께 다시 움직인 것이다.

이것은 큰 사건이다. 그러나 보도 기관들은 침묵한다. 텔레비전 보도만 어제 움직였을 뿐이다.

왜?

어려운 것이다. 특히 조선의 역인 김일부金一夫의 정역이다. 그리고 해월 최시형의 동학이다.

오늘. 2016년 4월 12일 아침에도 종이신문들은 침묵하고 있다. 그러나 TV뉴스만 보도한다. 다만 명칭이 좀 다르다.

"북극 해양의 온난화로 인하여 지구 운행축 연 10cm 동쪽으로 이동"이라고.

〈지구 자전축〉이 아니라 〈지구 운행축〉이다.

무엇이 다른가?

문제는 정역의 개입여부와 동학 해월의 〈여자 몸의 월경月經 변동으로 인한 북극물의 변경 운운云云〉인 것이다.

이것은 참으로 중대한 사건이다.

지난 3000년, 실제로는 2900여 년 전, 주역 직후 주공周公 통치기로부터 바로 그 〈둔전〉 즉 〈경도〉는《서쪽으로 기울기 시작한다》이 현상은 무엇을 가져왔을까?

지나간 3000년 동안 서양, 즉 유럽에 의한 세계 실질문명의 대확산과 우주확산을 가져왔다. 다 아는 사실이다.

그러나 그것뿐일까? 중요한 사안들을 요점별로 정리해본다.

그것은 곧 오늘의 바로 그것, 《동쪽으로의 이동》이 가져올 '변화'('개벽'이라고 동학에서는 표현한다.)를 가늠할 수 있게 한다.

그 '변화'를 좀 자세히 거론해보자. 무엇이냐?
① 우선 〈AI〉문제다.
② 다음은 〈VR〉문제다.
③ 세 번째는 〈창조적 혁신 경제〉 그리고
④ 마지막으로는 광범위한, 깊은, 또한 심각한 〈우주생명학의 문화文化〉다. 어찌할 것이냐?

또 있다. 전세계, 특히 동아시아의 지진, 화산, 해일, 쓰나미 등은 어찌 할것이냐?

〈마그마〉하나로 모두 다 획일적인 것이냐? 과거에 사례가 있기 때문에 또한 그렇다라고 결론 낼 것인가?

묻자! 공자의 명언(확고한 언표)을 어찌할 것이냐고?

〈종만물시만물 막성호간 終萬物始萬物 寞盛乎艮〉

또 삼국유사에 기록된 신라 승려 '자장慈藏'이 당나라 오대산에 화엄수련을 위해 들어간 첫날 문수의 현몽에서 왈

"당신네 나라 동북쪽 산악지대의 그 명계冥界에 일만문수―萬文殊가 태어날 때부터 산봉우리마다 도사리고 있으니 그곳에 수련장을 세우시오."란 말이 뜻하는 것은 무엇인가?

바로 이것이다.

〈변화〉, 이른바 〈대개벽〉이다.

'명계'란 무덤과 같은 극단의 수련장으로서, 스님들의 무문관無門關을 뜻한다. 그리고 '간艮'이란 단순한 산이 아니라, 구멍이 많이 뚫리고 물이 많이 흐르는 〈애기산〉을 가리킨다.

이것이 "강원도"다.

그래서 정감록은 바로 이곳을 약방초의 핵심 거점인 〈궁궁처弓弓處〉라고 지적한 것이다. ('이재궁궁利在弓弓'이란 정감록의 말!) 그리고 이것은 상고上古에서부터 내려오는 조선의 특이한 비밀, 또한 동학주문의 핵인 〈궁궁태극弓弓太極〉의 바로 그《궁궁》인 것이다.

자! 이것을 무엇이라 할 것이냐?

고조선의 기인奇人 정유림은 바로 이곳을 최고의 예술이요 신령한 미의 비밀인 풍류〉의 본 고장으로 찍었다. 그래서 신라의 최치원, 동학의 최제우 등이 모두 〈풍류〉를 조선사상, 조선문화의 보석으로 들어올린다.

이것이 간단한 이야기이냐?

이제부터 이 이야기를 좀 해보도록 하자.

나는 범부 김정설 선생의 요목 풍류정신의 바로 그《풍류역》, 그 중에도 범부凡夫 선생이 주목하라고 요구하는 바로 그 〈목호시目虎視〉 즉 "핵심요체에 대한 집중"을 이곳, 강원도 원주 인근의 "풍점"주변에 두었다.

이곳에 대한 이야기가 좀 더 주어져야 겠다.

첫째,

이곳 '풍점'고개의 산 점봉산에서 13명의 선종과 법상종승려들이 자살自殺했다. 왜?

둘째,

이곳 손곡과 정산리 좀재 및 부론은 3년에서 5년동안 후백제의 〈견훤〉이 제 왕국王國이라 칭하여 점령, 정예 15만軍을 매복시켰었다. 왜?

셋째,

이곳 문막벌판에서는 당시의 왕건과 궁예가 27회 동안 30여 만의 병력兵力으로 대혈전을 벌여 궁예가 완패한 뒤 궁촌리에서 그 뒤의 명봉산으로 피신하다가 원주 호족 청년에게 살해당했다. 왜?

넷째,

이곳과 충주 사이의 여러곳에 20여 명 이상의 고구려 무장의 무덤이 있다. 왜?

바로 이 '왜?'에 대한 대답이 다름아닌 〈풍류역〉이다.

그리고 그것을 이 지역에서 찾는 것이 〈목호시〉인 것이다.

다름아닌 개벽이요 복승(오운지기五運之氣)이다.

다음, 병신년, 5월 10일까지 〈목호시〉를 빚는다.

왜?

이제 그날까지 나는 용인龍因에서 한 과학자를, 이어서 경희대 대학원에서 〈흰 그늘의 미학〉을 강의, 그 뒤 건국대에서 〈물〉 강의를 하고, 이어 하동과 통영 두 곳의 기념관 행사에 들러야 한다.

아마도 여러 가지 이 시기의 (중요한 역사 시기다. 특히 〈통일〉에서!) 중요한, 중심부 (풍점과 흥업의)연관의 기미氣味가 목호시로 빚어질 것이다.

우선 어제 (4월 23일) 원주 토지문화관(흥업)에서 영남대 교수들 7~8명과의 담화, 특히 지난번 선거 등에 관해서 말한 것을 기억하자.

지난 번 (2016년 4월 13일)
대구 선거는 기이한 것이었다. 누구나 다 고개를 갸웃하는 것, 이것이 문제가 되었다.
아주 크다. 이전에 나오지 않았던 기이한 TK여론이 터져나오고 있다.
경북과 전남이 합쳐 새로운 세력을 만들어야 한다는 주장이다. (丙申 4월 25일)
이것이 무엇일까?
또 있다.
이 글을 쓰고 있는 오늘 (병신 4월 27일), 국회 친박親朴파 두목 새누리당? 리더인 '서청원'이 원주로 나를 만나러 오고 있다. 지금!
왜? 왜일까?
이것은 중요하다. 단순한 정치가 아니다.
세계사요 문명사요 개벽의 일이다.
보자!

만나 약 세 시간 가량 나눈 얘기는 한마디로 〈협치〉와 〈이원집정제〉

다. 그뿐이다.

이것이 무엇일까?

어제, 나는 우연히 뇌운계곡의 '옥고개' 너머 수정산 꼭대기까지 외길을 갔다.

이것이 무엇일까?

이것이 "미륵산과 풍점" 그리고 "양안치"에 무슨 관계를 갖는 것일까?

"깊은, 매우 중요한 관련이 있다"

이제부터 그 문제를 검토해보자. 바로 이 부분이 이 책 '풍류역'의 핵심이 된다.

곧 〈호랑이 눈〉이다.

우선 한마디로 자른다.

"수정산水精山의 산기山氣 중 가장 중요한 〈맥히터(Mcheater·열 공급소)〉의 구불구불한 곡선지형이 곧바로 "미륵산-풍점-양안치"의 암초다. 이것이 이제부터 제시되는 중요한 동북산수지형東北山水地形의 핵이다"

"수정산"이 무엇인가?

토박이 말로는 〈보지허름〉이다. ('허름'은 山의 옛말이다.) 그것은 또 무엇이냐?

'우주자궁' 또는 〈명冥〉이다.

그것은 또 무엇이냐?

〈근원根源〉을 말한다. 이제 이야기가 하나의 본격적인 뼈대로 들어간다.

〈보지허름〉은 예부터 〈공알〉이라고 부른다. 즉 자궁의 모든 음색의 핵심감각 기구다.

그리고 음경, 즉 회음의 최 예민 감각 촉수에 뇌책이다.

나는 이쯔음에서 다음과 같은 회전여행을 말하지 않을 수 없다.

하동, 통영의 경상도, 제천에서 목포木浦까지의 충청도·전라도, 그리고 동해안과 강원도의 오대산 월정사까지의 이상한 여행이다.

이것이 풍류역일까?

더욱이 목호시일까?

아아! 그리고 나는 흥업으로, 풍점으로 돌아왔다.

이것이 무슨 여행일까?

이제부터의 주제는 바로 이것이다.

한 가지 더 추가한다.

다시금 다섯 번째로 미륵산 용화사, 풍점 앞 좀재 십명지, 흥원창, 삼강합수처, 월봉, 부론, 법천사, 거돈사, 점봉산, 그리고 흥호와 노림을 거쳐 문막 궁촌리를 거쳐 대안리로 돌아왔다.

이 다섯 군데의 총괄 일치된 결론은 하나다.

《모심》그것이다. 왜?

하동河東, 통영.

두 곳의 장모 박경리 선생에 대한 세세한 잔 인정은 끊었다.

〈큰 분으로서의 모심〉만!

부산을 지나 원주로 오면서.

아내에 대한 참으로 착한 모심을 기약한다.

목포에 내려가 아예 그곳에 살려고 했던, 어린시절의 회복 결심을 끊는다.

오직 증조부, 조부, 조모, 아버지, 어머니와 조상들, 그리고 나의 어린 날에 대한 〈모심〉만!

돌아와 급히 오대산 월정사로 향한다. 아예 머리를 깎으려고!

그러나 정념스님을 만난 뒤 〈통일에의 화엄개벽적 헌신에로의 모심〉만 얻고 돌아왔다.

그 이튿날 풍점과 십명, 부론과 미륵산 용화사와 월봉을 지나오며 다시금 다시금 이곳에서 모심, 즉 〈풍류역〉 "흰 그늘"을 새긴다. 아아아! 돌아왔다!

뒷날 13일 또 움직인다.

향로봉 꽃밭머리 '청주한씨'를 만나고, 강림, 금수산, 달고개와 황둔을 거쳐 오미리와 송학산 밑 의림지를 지나 '기남이 길'을 지나 한라대 뒤의 〈다물집-불함방〉에 돌아와 아내 앞에서 짧게 울었다.

왜?

왜 울었나?

끝났다.

〈돌아왔다!〉

어디로?

자! 이제 참으로 시작이다.

무엇이?

진정한 '풍류역'이다.

이제부터 바로 그것이 시작된다.

'풍류역'이란 무엇일까?

이미 고조선 중기 강원도쪽 사람 정유림이 '풍류'를 일으키고, 이를 신라의 최치원이 받아 크게 들어올리고 화랑도로 왕성, 발전하며 이어서 최수운이 동학으로 변혁시킨 것을 범부 김정설 선생이 풍류 정신으로 일반화, 내가 바로 이것을 〈화엄역〉의 기본, 〈우주생명학〉 정신으로 〈풍류역〉으로, 그것도 목호시目虎視로써 이곳 강원도 '풍점'을 일으킨 것이다.

그것이다. 〈일으킨 것〉이다.

9

이제 이 목호시를 중심으로 하여 풍류역을 정립한다.

이미 밝힌대로 "풍류"는 그 첫 시작이 고조선의 중기 강원도 〈충류(忠流)〉라는 시골의 정유림으로부터 시작된다.

〈〈충류〉〉는 '오미로' 즉 황둔에서 제천 의림지에 이르는 꾸불꾸불한 고갯길에서 강원도 산간쪽으로 한참 들어가서 열리는 기이한 선경仙境이다.

'선경仙境'이라고 말했다.

왜?

영월의 기이한 산경山境으로 들어가는 조금은 해괴한, 산세들이 그렇다. 그런데 이곳에서 '풍류風流'가 발생한다.

자! 어떻게? 어떻게 풍류가 발생할까?

풍류는 풍수와 마찬가지로 "風=산악山岳", 그리고 "水=물, 강, 바다"다.

그러나 다르다. 무엇이 다른가?

풍은 그대로 산악이지만 류는 수와 달라 〈흐르는 물, 물의 흐름〉이다. 즉 〈움직이는 물의 소리와 모양과 품새, 즉 아름다움〉인 것이다.

이제 그것을 좀 더 세세히 풀어가보자!

풍은 본디 우주의 바람, 움직임이다.

류는 본래부터가 〈소리〉다.

따라서 "풍류"는 《우주의 소리》인 것이다.

평소 우리가 쓰는 개념인 '음악音樂'과는 매우 다르다.

— 丙申 5월 27일

내

직접 다녀왔다.

영월군 산악에 접한 "송현 → 송현 12"까지다. 또 주천으로 넘어가는 고개도 있다.

"송현松峴"을 살펴야 하겠다.

한마디로 하자.

산맥이 아니라 〈산계山系〉로 보았을 때 이는 틀림없는 〈옥고개 이후의) 〈수정산〉 줄기가 분명하다. 아니라는 주장이 지리학적으로 나올 것 뻔하다. 그러나 나에게 그런 것은 중요하지 않다.

왜 〈수정산의 산계山系〉는 바로 〈풍점〉의 계系인 것이다.

이 〈수정산계〉로 실질적으로 동해의 여러 해저암석(락)海底巖石嵐의 기원이다. 독도 역시 여기에 연결된다.

그렇다면 미륵산과 학고개, 점봉산 사이의 〈풍점〉 또는 '퉁점고개'의 산계山系를 어찌 보아야 할까?

그리고 그 풍류맥은 무엇인가?

여기서 주목해야 할 산계가, 참으로 기이하게도 〈임불새〉와 〈대치용對治龍〉이다.

둘 다 토지문화회관이다.

지금 토지문화회관 자리는 『토지』 재단 지리전문가의 상의를 받아 박경리 선생이 직접 고르고 정한 곳이다.

바로 그 〈원만〉의 그곳. 〈원만〉이 무엇일까?

이미 말한 바 있는 수운 최제우 선생의 시다. 〈남진원만북하회南辰圓滿北河回〉

매우 의미심장한 말이다. 오늘날까지도 중요한, 〈통일〉과 〈동서융합〉의 말이다. 또한 〈세계 평화통합〉을 뜻하기도 한다.

나는 오늘 이 말의 작은, 구체적인 "미학적– 예술학적 의미"를 〈풍류역〉으로, 그 중에도 〈목호시〉로 들어올려 집약할 것이다.

큰 의미, 전 우주적, 전 세계적, 전 국토적 방향은 이제 아마도 6월 6일부터 쓰기 시작하겠다.

이 저술이 아니고 다른 노트에 화엄경과 함께 통일문제를 집약할 것이다. (바로 지금 이 노트)역시 이 노트는 〈풍류역〉과 〈목호시目虎視〉 즉 〈원만〉을 쓰게 된다.

나는 이제 범부凡父 선생의 풍류정신에서 곧 〈수운 최제우水雲 崔濟愚〉로 들어갈 것이다. 그 전까지 〈물계자〉다.

수운의 사상에서 그 〈역〉리理를 찾아보자.

좋다. 그 짧은 기간 안에 물계자 공부와 우선 오미리의 송현을 한 번 더 관찰할 것이다. 그 다음 수운 사상으로 본격 진입한다.

10

'오미리'는 우선 미로다. 왜?

우선 이것부터 짐작하자.

영월의 그 꼬불, 꼬불 복잡한 산계가 길을 따라 제천, 황둔, 신림, 치악산 고개로 "질서잡히는 리듬화花"의 시작은 미로, 그것도 〈다섯 구비의 미로〉가 필요하다.

이것이 다름아닌 〈풍류〉, 즉 〈우주소리〉다.

더욱이 이 미로 앞뒤 좌우에는 매우 중요한 산계山系인 다섯 개의 산, 당시, 그리고 이어서 세계 정세의 중요 다섯 요소, 심지어 강증산이 〈오선국기五仙圍碁〉라고까지 표현한 세계상이 압축된 山系다.

그만큼 이곳 황둔에서 제천 의림지까지의 〈길〉과 〈山系〉는 세계사에서 중요하고 또 막강하다. 왜?

2016년 6월 11일 토요일 동아일보에는 '지구의 종말과 외계탈출 가능성'에 대한 기사가 났다. 또 다른 행성과의 공생 기사도 났다.

이것이 무엇일까?
유럽문명의 초점은 이 방향으로 좁혀지고 있다.

나는 오히려 아시아에서 자기회생의 길을 찾고 있다고 본다.
이른바 '토인비'의 차기문명예언이 이른바 중국이 아닌, 중국 중부 표준으로 본 〈동북아〉가 그것이다. 동해를 포함한 한반도 백두대간일 것이다.
그 중 중요한 초점은 어디일까?
그것이 곧 〈목호시〉이다.
이것이다.
감악산(검은 산) - 독초毒草밭 - 에 흰 약초藥草가 피어나는 이 기이한 "착종" 현상에 "호랑이 눈"을 돌리는 일이다.
〈의상〉이 백운사를 그 꼭대기에 지은 것이 바로 그것이다.
동양의 의학상식에서는 일반화된 '약초를 찾으려면 독초 옆을 찾으라!' 라는 상식이 있다.
짧게 줄이자!
이곳 제천은 한 마디로 독초 옆에 약초가 풍성한 〈생명의 고장〉이다.
의림지가 그렇고, 세명대世明大 자리가 그렇다. '기남이 길'이 그렇고, '명암호'길이 그렇다. 다, 그렇다.
또 인근 산山세의 그늘, 물 그늘이 다 약기운을 품은 수초水草들이다. 기이하다.

　더욱이 정방사正方寺 밑 20리 '얼음골'은 경남 밀양의 똑같은 20리 얼음골과 똑같은 얼음골이다.

　무엇이 될 것인가? 〈큰 약〉이다! 언제?

(9월 15일 이후.)

오미로 중간에서 송현 11 → 송현 다리 사이에서 산쪽 영월 땅과 주천길에서 "정유림"의 〈풍류땅〉을 찾는다.
9월 16일
문제는 이 황둔 – 의림지 사이에 있는 산들의 존재다.
무엇이냐?

감악산은?
송악산은?
영두산은?

문제는 이 산들의 성격이다. 어떻게 규정해야 할까?
그것을 찾아가자. 그래야 〈풍류도〉가 잡힌다. 자!
우선 '감악산'이다. '검은산'인 이 산은 〈독초毒草〉로 가득한 악산이다. 그러길래 의상 대사는 꽃 중의 최고 신령한 꽃인 흰연꽃 〈백련白蓮〉을 그 산 꼭대기에 설치한 것이다. 약이다.
동양의 옛부터의 내림이다.
〈약초를 찾으려면 독초 곁에 가라!〉
바로 이 말이 그대로 적중한 것이 바로 이 제천 골짜기다. 예를 들어 보자!
같은 골짜기의 〈요붓골〉,
그 아래 〈비끼재〉,
그 옆의 〈문바위〉와 약초골, 그 아래 〈명암호〉,
명암호 길의 〈약천사藥天寺〉

세명대의 넓은 벌판과 물,
의림지義林地, 호향산好香山, 송악산,

이 산들의 정체가 다 무엇인가? 다 각각이로되, 일치하는 것이 있다.
무엇일까? 그 흙, 그 풀, 그 물과 바위들의 성질이 〈약藥〉성분을 깊이 가진 것이다.
그리고 가까이 오미로 송현松峴과 관련, (영월군) 〈풍류〉과 연관되는 점이다.
기이하다. 〈그렇다면 그 "물"에 특성이 있다.〉
무엇이냐?

고대 러시아 동남부 이르꾸스크의 전설로 남아있는 〈산계학山系學〉에서 강조한 바다의 가장 중요한 해청海靑(바닷물의 푸른 본질적 흐름)을 결정하는 〈산암초山暗楚〉가 결정되는 산계山系의 특징들 (예컨대 "수정산")을 결정하는 것, 해청은 유럽 정통 해양지리학에서 흔히 MATSSLAVAG라고, 즉 〈산해초山海楚〉라고 암호처럼 부르는 일종의 비밀이다.
이것을 고조선 말 신라초에 드러낸 것이 영월, 주천 쪽 사람 정유림이다.

〈풍류〉가 중국이 아닌 우리나라여서, 그것도 강원도 산 속에서 고조선 때에 시작되었다는 것은 굉장한 역사적, 문화적 의미를 갖는 이제부터의 세계사적 사건이다.

〈한류〉의 근원, 〈시김새〉의 근본이다.

판소리 등의 중심을 이루는 〈시김새〉의 멋과 맛, 그 〈흰 그늘〉의 미학을 확정하는 근원이 바로 〈풍류〉이고 〈풍류〉는 풍류도의 기본, 〈화랑도〉의 기본으로써 〈최치원〉과 〈최제우〉의 정론인 정유림으로 부터 시작된다.

정유림은 영월 주천 등의 산악 출신이다.

주천은 고전에 이미 '선비에게는 청주淸酒가 나오고 쌍놈에게는 탁주濁酒가 나오는 등 술이 나오는 샘'이었다.

그러나 '주천'은 산 속의 작은 벼랑과 골짝들 사이로 사람이 "음률"을 지어내는 〈음률 내는 샘〉이었다.

그 실항은 고운 최치원의 〈난랑비서〉에서 상세히 찾아 낼 수 있을 것이다.

그것은 다시 화랑도와 풍류도 일반, 그리고 수운의 동학사상으로 이어진다.

이건 지금의 영월과 주천과 오미리와 제천 의림지의 〈생명사상〉으로 연결된다.

이를 밝혀야 한다.

풍류의 음악적 풍취가 목숨을 구하는 생명사상, 과학적 의학사상으로 변한다는 이것은 오늘 우리에게 무엇을 말하는가? 그리고 무엇을 가르쳐주는가?

배울 것이 무엇이며 보존할 것이 무엇인가?

새 과학을 배우고 옛 모심을 보존해야 한다. (10월 3일 개천절)

그러나 이 둘을 다 풍류 안에서 그 기신氣神이 보장된다.

변증법 따위가 아니다. 근원적으로 숨겨진 차원에서 〈시김새〉가 작동하는 것이다.

이 점을 명심해야 한다. 아니면 조선의 핵을 모르게 된다.

조선의 핵, 〈풍류도〉를 몰라서 뭐가 되겠는가? 화랑도를 몰라서 되겠는가? 동학을 몰라서 되겠는가?

나이가 그에 이른 〈원만〉을 잊어서 〈통일〉을 할 수 있겠는가?

그것이 도대체 무엇인가?

우선 한마디로 줄인다.

〈풍류〉다.

어디서부터 찾으랴?

〈정유림〉이다 어디여서?

두 길이 있다.

이제까지 얘기한 기록들, 최치원, 화랑도 기록, 최수운, 범부 김정설 중심과 황둔에서 의림지까지의 산길 '오미로' 그리고 '방림'에서 '뇌운계곡'을 거쳐 '오치기' 지나 '수정산' 너머 영월의 산들과 주천을 답사하는 것이다.

'주천'은 깊은 학문을 공부한 선비는 그 샘을 열면 청주가 나오고, 공부가 없는 쌍놈은 그 샘을 열면 탁주가 나온다는 〈동국여지승람〉이 주천강에 내려온다.

어쩌면 〈풍류〉도 마치 그 '주류酒流'처럼 청清·탁濁이 있어 기이한 음악과 춤이 되었다.

그러나 중요한 것은 그 청·탁이 함께 기이한 오묘한 맛을 내는 경지가 있으니 무엇일까? "합"쳐서인가? 아니다! 그러면 무엇인가?

근본에서 다르다.

나는 이쯤에서 조선과 중국등 동양東洋만이 아니라 서양西洋과 온 세상의 보편적인 〈근원의 풍류〉를 말하고 싶다. 그것이 참다운 지혜, 〈알파고〉의 근거이니, 이제 우리는 이곳 〈풍류〉를 '민족주의 탐색' 운운으로 돌릴 것이 아니라 〈이세돌 9단〉의 참 근원으로, "VR의 참 AI의 찾음"으로 돌려야 할 것이다.

예술이란, '문화'(범부의 말)란 이것이다. 이것을 찾지 않으면 우리는 할 말이 없다.

왜 풍류 즉 화랑도는 우리의 민족적 인생관이 되었는가?

왜? 그 이유를 적는다.

① "산에서 나는 물"은 신이神異하다.

그것은 어떤 신비로운 뜻과 힘과 작용을 가진다. 그것이 무엇일까?

② 나는 그것을 찾아 지금껏 산을 헤매고 있다. 그 과정에서 여러 가지를 발견하는 중에 하나, 〈약〉이다.

이것은 가장 대표적으로, 제천 의림지와 그 인근, 그리고 그를 바탕한 세명대의 한의과의 지혜에 연결된다.

가보면 안다. 어디를? 제천을!

③ 오대산과 월정사 탄허스님의 화엄경에서 강조(입법계품入法界品)하는 자행동녀慈行童女의 무승당해탈无勝幢解脫 이외에도 자재주동자自在主童子의 〈보살산법〉과 그에 따른 과학科學, 공학工學(건축 등 등), 의학醫學(아주 섬세한 생명학) 등을 검토해야 한다.

〈보살산법〉의 "불가설 불가설 연속 표현법不可說 不可說 連續 表現法"

은 새로운 학문으로 크게, 그리고 높이 들어올려져야 할 것이다.
　(2016년 10월 28일 건국대 대학원 특강에서 강조됨)
　④ 그 밖에도 앞으로 말하게 될 "다섯가지" 원리측면이 또 있으니 이것을 연구하는 것이 우주진리를 아는 첫 걸음이다.
　⑤ 그러나 화엄경 〈입법계품〉의 자재주동자 부분에서는 바로 그 "보살산법으로 우리의 동방세계 일체와 지구, 우주 등 일체세계를 속속드리 〈고치게〉 된다"고 하였다.
　지금 "VR, AI, 알파고, 제4차 산업혁명" 등 요란하고, 이 나라는 남북통일문제와 핵폭탄 문제로 시끄럽다. 이것의 해결책은 어디 있는가? 바로 그 산법, 자재주의 지혜와는 무관한가?

　우선 앞 부분의 답은 화엄경 입법계품의 자재주동자부분에서의 보살산법에 다 있다.
　그것을 좀 더 구체화적으로 파들어가 보자.
　어디에서 시작할 것이냐?
　동·서양의 수학이냐 종교냐 무엇이냐?
　'자재주自在主'에서는 종교 '수학일체'를 다룬다.
　이것을 무엇이라 할것이냐?
　옛날 동양고전에는 이 '수학일체'를 일러 《미진수일체》란 이름으로 온갖 우주와 생명의 수리전체를 근대보다 훨씬 더 치밀하고 자세하게 다루어왔다. 이를 다른 이름으로 〈명지明知 – 수일체〉의 명제로 전부 포괄하였다.

　　　　　(신화엄경, 입법계품 18권 36, 75~80 자재주동자 편에 있음)

내가 이제 제시하는 새 세계의 과학은 이미 과학따위가 아니다. 그것은 일단 〈풍류〉로부터 시작된 '문화文化'(엄밀히는 문화文化도 아니다), 또 문화란 말도 이미 극복한 새 지혜의 세계다. 그것을 무엇이라 부를까? 종교도 아니다.

풍류란 무엇일까? 고조선 중하대의 영월사람 〈정유림〉은 어떻게 풍류를 창안하였는가?

나는 주천과 수정산, 옥고개와 뇌운계곡, 그리고 방림에서 안흥까지의 산길을 샅샅이 찾는 과정에서 풍류가 〈산천과 기후와 그 사이의 물(평창천) 사이의 오묘한 한 아름다움〉의 산물임을 알았다.

꾀작 꾀작 만들어 낸 것이 결코 아니다.

그렇다면 그에 이은 화랑도 역시 그렇다는 것 아닌가! 동학도!

그렇다면 생각을 크게 달리해야 한다.

어떻게?

먼저 범부 김정설 선생의 책 『풍류정신』 검토하자.

우선 책에서 〈물계자〉부분을 찾아보자.

〈물계자는 신라가 적에게 이겼는데도 스스로 그 전쟁에서 공을 세웠음에도 만세를 부르지 않는다. 그것은 무엇인가?〉

바로 〈겸손〉이다. 이것은 곧 〈풍류〉의 중요한 미덕인 것이다.

일반적으로 미학에서는 이 〈겸손〉이 곧 미의 가장 첩경인 〈절제〉로 나타난다. 또 있다.

미학의 더 중요한 요소인 〈행락〉 줄기를 잊지 않고 늘 새롭게 인식시키는 행위이다. 줄거리를 놓치지 않게 기억시키고 있는 것, 그것이다.

조선의 고대 예술에서 협창脇創하는 일(음악이나 연극 등)에 절대적으로 요구되는 것은 바로 이것이다. 이것이 바로 〈행락行絡〉이요 곧 〈절제〉이니 이것의 시작이 다름아닌 〈풍류〉이다.

모든 협치에서 이것, 이 '협창'이 없이는 불가능不可能하다. 이것은 풍류風流정신의 핵심사안이다. (최근 한국정치의 협치본능이 어디에서 기인하는 것인가? 바로 이것이다.)

또한 이것이 나타나고 전개되어야만 우리들의 책 〈풍류역〉이 성립되는 것이다.

지금(2016년 병신년 11월 13일 현재) 진행되는 퇴진退陣 요구의 10여 만 군중시위는 무슨 조직에 의한 것이 아니고 일반 시민들의 각지 자발 동원이다.

일단은 좋은 '민주주의적 정치정열'이라고 할 수 있다. 이미 내가 지적한 대로다.

그러나 이 나라의 정치가 그것으로 막판일까?

온갖 야당 리더들의 막판선동연설이 잘하는 것일까?

좀 생각해보자. 그 중에도 시위(여러날 계속되는)의 당연히 있어야 할 〈풍류風流〉가 없다. 이것은 문제다.

무엇인가?

시위에서 구호는 누구나 한다.

그러나 그 밖에 무엇을 웅얼거리는 건가?

무얼 하는 건가?

이번 광화문 시위에서 웅얼거리는 소리와 춤, 즉 〈풍류〉는 다음과 같은 것이다.

우선 다섯 가지만 예로 든다.

① 어린애들이 많이 나와 저희들끼리 '짝자쿵' 소리를 내며 유희를 즐기는 것이다. 이것은 세계역사상 처음 있는 풍경이다. 〈풍류〉라고 부를 수밖에 없는 것이다.

② 천주교 신부들이 소리를 높여 〈노동자 정권을 세우기 위해 현 정권을 때려 부십시다〉 하니까 한 늙수구레한 참가자가 〈우리는 그런 것 하러 여기 오지 않았소. 최순실이 때문에 분노해서 왔지!〉라고 받아쳤다.

이것은 또 무엇이냐? 만약 이태리의 〈예그리·하트〉나 천주교 신학자 〈이브·깔베 신부〉가 곁에 있다면 무엇이라 했을까?

③ 서울은 물론, 전국의 데모에 젊은 여성 참가자가 엄청난 숫자다. 이들의 역사적 의미는 무엇일까? 여성 대통령 문제인데도? 박정희 때문인가?

미국의 反트럼프 시위를 지금까지 끌고있는 40여 개 주의 여성 시위대와 무슨 연관일까? 노벨경제학상 수상자인 폴 크루그먼Paul Krugman은 트럼프의 정권을 예상하여 〈도둑정치kleptocracy〉를 할 것이라고 혹독하게 내리쳤다.

이것은 또 무엇인가?

러시아의 푸틴, 중국의 시진핑, 일본의 아베, 필리핀의 두테르테 등의 〈스트롱·맨 우위〉 주장과는 어떤 관계인가?

지금 전 세계는 'Crime Exchange' 우주환경변화와 마찬가지로 대변화속에 들어가고 있다. 이 속에서 여성문제 등이 추구되고 있는 것이다. 다름아닌 〈대개벽〉이다.

또 다름아닌 〈궁궁ㄹㄹ 유리 화엄 대개벽〉이다.

수운동학을 중심으로 화엄경, 정역, 그리고 기독교와 현실의 세계 동서 진보·보수 사상의 대 연합을 뼈대로 나아간다.

우주생명학 제 오권으로서 풍류역이 바로 이같은 〈궁궁ㄹㄹ 유리 화엄 대개벽〉에 도움이 되는 기필이 되려면 먼저 '산속의 숨은 〈물〉' 과 풍류를 연결시키는 작업이 선행先行되어야 한다.

〈물〉!

이것이 무엇이냐?

'노래와 춤'이 물과 무슨 상관이냐?

우선 한가지만 지적하자.

물이 산에 "숨어서 흐른다"는 점이다.

또 한가지는 다음이다. 즉,

'산의 전체흐름 〈유산세流山勢〉'이 근본적으로 〈물 흐름〉이라는 것이다. 이것은 거의 초과학적·신비주의적 파악에 의해 이루어질 영역이다.

〈물〉은 본디 어디서 온 게 아니고 애당초 이 세상, 이 땅, 이 산에 있어 "흐르는 것"이었다.

그것의 '존재규정'을 우리는 알아야 한다.

무엇일까? "흐르는 것"

〈흐름〉의 본질이 도대체 무엇인가?

〈한가운데에 머물지 않고 주변으로도 치우치지 않는 기이한 방향으로의 끊임없는 움직임〉

이《기이한》이 무엇인가? 이것이 문제다.

단정하자!

〈어떤 신령한 목표를 향해서 그 역시 신령한 움직임으로〉이다.

이것은 아직 인류현실과학으로서는 알 수 없다. 겨우 〈짐작하는것〉은 "화엄경 〈입법계품 중 자재주동자入法界品 中 自在主童子〉 부분"에 있을 뿐이다.

무엇인가?

〈명지일체세계明知一切世界〉라는 대목의 바로 그《명지明知》의 그 나름의 해석이 있다. 이것을 '명상' 끝에 '짐작'하고 '사유'하며 '규정'해야 한다. 그것이 곧 새로운 '화엄사유'가 된다. 그래서 우리는 〈흐르며 살 수 있다〉〈자유와 평화와 생명대로 살게 된다〉.

어찌 할 것이냐?

자재주동자의 바로 그 〈명지明知〉의 비밀은 무엇인가?

그 바로 앞의 성녀인 자행동녀의 참 비밀 〈무승당해탈〉에 있다.

이것은 또 무엇인가? 불경도, 부처도 없이 그 스스로 해탈에 이른다?

그렇다. 이것이 동학이다.

동학의 〈향아설위向我設位〉다. 해월 최시형 선생이 경기도 이천군 설성면 수산리의 〈앵산〉 그리고 이어서 〈앵봉〉에서 보여준 〈내 안에 계신 한울님을 내가 깨닫고 모심〉의 길,

그래서 실천적으로 이수인李水仁을 임금으로 삼은 불교 등과의 연합으로 〈화엄개벽〉을 일으키는 〈수왕회〉의 길, 그것이다.

이것이 곧 〈명지明知〉다. 또 이것이 곧 〈기이함〉이다. 그렇다면 〈물〉의 그것은 그 자체로서 분명한 것이다.

무엇이냐?

하나, 〈액체〉라는 '정精'이다.
(앞으로 이 '정精'에 대한 과학적 연구가 치열해져야 한다.)
둘, 〈약藥〉이라는 '성분'이다.
(동서양이 다 바로 이 '약'을 확대 활용해야 할 것이다.)
셋, 〈식食〉이라는 '양분'이다.
(동서가 다 이 음식을 더 들어올려야 한다. '효소酵素'―생명력을 많이 가지고 있어서다.)
넷, 〈풍수·풍류·풍치 등〉〈예술의 촛점〉이다.
이것은 더 말할 것 없이 앞으로 더욱 더욱 크게 들어올려져야 한다.

이상에서 말한 네 가지 〈기이함〉이 곧 〈물〉이고 〈명화〉의 핵심이니 〈수왕회의 길〉은 이제부터 참으로 잘 탐색해서 우주생명의 진리의 길로 갖고 찾아가야 할 것이다.

"여성의 집권"은 그렇게 어렵다. 3천 년 부권시대父權時代의 끝이다. 쉽겠는가?

그러면 여성의 취약성 때문에 다시 부권시대의 'MACHO 지배로 간다는 것인가?

아니다! 그러면 남성을 짓밟아버려야 하는가? 아니다! 그러면 어찌해야 하는가?

여기에 〈선후천·음양·남여·융합의 대개벽〉의 중요성이 있는 것이다.

그것이 무엇인가?

이것이 〈물의 개벽성〉이다.
쉽게 이야기하면 〈풍류의 개벽성〉,《풍류역》이 있는 것이다.
그리고 이것이 곧 〈목호시〉인 것이고 이것이 곧 〈시김새〉이다.

이것이다!
이것이 바로 심치제인이 뜻했던 동방에 그 '여량(아우라지)'이 만드는 새 문명인 것이다.
그런데 여기에 남방南方(전라도·경상도·제주도)의 〈애월〉(김만석의 고향, 해녀지)이 중조선에서 원만圓滿속에 융합하여 〈흥업興業〉해야 하는 것이다.

흥업은 곧 양안치 너머 미륵산 밑의 경주김씨 계통, 경순왕계통(소태, 오량, 세도를 주의해보라)의 〈귀래〉가 만든 〈역사적 의미가 있는 땅〉이다. 이것을 유념해야 한다. 어떻게?
이곳의 토지구조에는 〈둔전屯田〉이 절대적이다.
왜?
또 이것과 미륵산의 산지와 그 근처 여러 화엄사찰들과의 관련도 중요하다.
왜?
'왜'가 두 번 제기되었다.
왜?

이 〈왜?〉는 내가 대답할 질문이 아니다.

이 글을 읽는 사람들더러 대답하라는 말이다.

왜?

여기에 대답하는 것이 이제부터의 '우주생명학 제5권' 그것이요 〈풍류역〉이다.

〈물〉은 이미 충북 제천과 경북 대구와 그리고 또 전남全南 나주와 목포 두 곳에서 치열한 탐색이 시작되었다. 감안하라!

4부

우주생명학 3

序
......

길고 긴 통일론이 나올 것으로
알았다
그러나 〈장〉으로 끝났다.
안녕.

— 산상지유수山上之有水의
월봉月峰 아래 서서.

화엄경과 통일의 길

2016년 병신丙申 6월 6일부터

1.

나는 어려서부터 집안의 소란으로 인해 〈통일〉이란 것을 생각해 왔고 젊어서는 사상사적 모색과정에서 〈통일〉을 단순한 민족의 고통 문제를 넘어 세계와 인류와 온 생명의 가장 우주적인 한 이상이라고 생각하고 있었다.

2.

나에게 있어서 통일은 그저 갈라진 남북민족의 재통합이 아니라 모든 형태의 갈등과 투쟁, 전쟁과 모순 사이의 원만하고 원활한 대통합을 향한 방향잡이였다. 그것은 그러므로 하나의 〈철학〉인 셈이었다. 그리고 내겐 특히 하나의 〈미학〉이요 〈감성학〉이요 〈예술학〉이었다.

3.

화엄경은 쉽게 좁혀 말해서 〈통일〉이다. 문득 여기서 한 시詩를 인용하기로 한다. 〈구글〉이 인용한 박경리 선생의 시 〈만물에게 물으니〉가 그것이다.

5월의 편지

하늘에게 물으니
높게 보라 합니다

바다에게 물으니
넓게 보라 합니다.

비에게 물으니
씻어내라 합니다

저 산에게 물으니 올라서라 합니다
꾸준히 오르라 합니다

파도에게 물으니
맞부딪쳐 보라 합니다

안개에게 물으니
마음으로 보라 합니다

태양에게 물으니
도전하라 합니다

달님에게 물으니 빛이 되라 합니다
어둠 속에 빛나라 합니다

별에게 물으니
길을 찾으라 합니다

꽃나무에 물으니
웃으며 참으라 합니다

강물에 물으니
낮은 곳으로 가라 합니다

바람에게 물으니
맞서라 합니다

어둠에게 물으니
쉬어가라 합니다

귀한 님이시여
행복한 오월 되소서

— 문학을 사랑하는 박경리

한마디로 〈화엄경〉이다.
〈월인천강月印千江〉이요. 〈일미진중함십방一微盡中含十方〉이다.

이 두 마디는 화엄경 전체를 압축하는 두 마디 압축어일 것이다.
때는 바야흐로 '통일의 때'가 이 반도에 올 것이다. 그리고 이 동양에 대 문명의 큰 때가 올 것이다. 어디냐?
바로 여기다!
이 곳 바로 〈풍점風占〉이다.
이제껏 내가 설명한 바로 그 자리다. 이곳이 사실상 한반도의 중심이요. 동북아시아의 중심이요 백두대간의 핵심줄기인 것이다
그리고 이곳에 동학東學의 해월海月 최시형崔時亨이 묻힌 〈원적산 천덕봉〉이 있다.
〈요섭〉이라는 옹기장이 천주학장(곤지암에 숨어있던)과의 〈여성

과 아기들 인연〉으로 〈이곳은 동학과 서학이 함께 후천개벽을 이루어낼 곳이다. 나를 이곳에 묻어라〉 해월의 유언대로 훗날 원주 호저에서 붙잡혀가 지금의 단성사 뒤 좌포청에서 처형당할 때 한마디 했다. (9월 15일)

"지금은 갑년甲年이가 갑옷을 입는 날이다"

'갑년'이가 누구일까? (9월 16일)

호저, 원진녀씨 생가에 숨어 지내던 해월海月선생 수발들던 횡성쪽 광택리(영산英山)—'지금은 그 뒤의 이름 없는 보덕리' 출신의 수발들던 여성, 5개월 뒷날 고산너머 습격한 포졸 43명에게 해월과 함께 섬강에 뗏목으로 함께 끌려가다 그 위에서 포졸들에게 두 차례나 강간당하고 미쳐버린 여성이다. 바로 두물머리 잣나루 섬 앞에서다. 그 뒤 좌포청(단성사 뒤)에서 2–3일 뒤 방면되어 서울거리를 헤매다 길바닥에서 굶어죽은 여성이다. 까닭을 묻는 관리에게 해월은 대답을 하지 않는다.

〈여자가 갑옷을 입는다?〉

(그것도 죄를 지어 잡혀와 굶어죽은, 강간당해 미쳐버린 못난 여자가 갑옷을……?)

〈갑옷을 입는다〉는 칼을 빼어든다는 말이다. 그것도 여자가? (전쟁을!) 찾아보았다.

(나의 '초미初眉' 중 p.216에서 갑년에 한마디'에 나온다)

……1898년 봄 영국황실에 선전포고한 중국의 서태후만이 여자가

아닐 것이다. 1898년 여름, 폴란드 귀족 아르놀트 퀴리에게 덤벼 상처를 낸 서녀庶女 마르티히만이 여자가 아닐 것이다.

1898년 가을, 노무노리 히사키를 죽인 뎬미야(치齒)만이 여자가 아닐 것이다. 그러면 누가 그 여자 갑년인가?

동학이 무엇이냐고 물었다. 그 동학의 120년 전 만갑의 갑오년이 바로 올해라고 말했다. 그리고 그 갑오년 선후천 대개벽의 피피올리(pipiolli, 징조꽃)가 해월 선생의 최후 진술 속 '갑년'이다……

지금 여성들은 어떤가?

달, 물, 여성, 어린이 중심의 모성주도의 시대로 전환되고 있다. 우리나라만 아니다. 미국 대통령 후보 힐러리, 로마, 파리, 마드리드, 동경시장, 미얀마의 '수지' 일본 민진당 당수 렌호, 남미의 여러 대통령과 유럽…….

아!

여기서 말투를 조금 달리해야겠다. 경주에 일주일 전 지진 5.8이 일어나고 그 뒤 여진 200여 회, 그리고 어제(오늘이 9월 21일) 4.0 지진이 또 발생하고 근처 흔들림이 400여 회에 달하고 있다. 울산 단층, 부산 단층의 영향이라 한다. 그리고 강원도 양구의 금강산 가까이 DMZ 근처에 2.0의 지진이 왔다. 이것이 무엇이냐?

참으로 〈흰 그늘〉의 시작이다. 카오스모스chaosmos는 불연기연不然其然의 '시작'

그렇다. 그 속에서 〈풍점 고래〉와 〈골덕내〉 그리고 그 위에 자리잡은 〈양안치兩岸峙〉의 [흥업]과 [귀래]와 좀재의 십명十冥 그리고 부론이 있다.

이곳이 해월 선생이 예언한 동·서양이 합숨쳐 생후천生後天개벽을 함께 일으킬(묘연만왕만래妙硏萬往萬來) 새 개벽의 땅인 것이다.

기이하다. 이곳과 귀래, 흥업, 양안치, 원주를 합쳐 박경리 선생은 첫말에

《아! 원만의 땅에 왔구나!》 했다.

원만! 이것이 무엇이냐?

박경리 대표작『토지』를 일관하는 사상은 동학東學이다.

그 동학의 창시자 수운水雲 최제우崔濟愚 선생은 왈, 남진원만북하회南辰圓滿北河回라고 했다. 이것이 무엇이냐?

그런데 바로 그 시詩의 〈남진南辰〉이요 수운水雲의 땅인 경주에서 지금 지진과 수백 번의 여진이 출몰하고 있다. 그렇다면 중中을 뜻하는 〈원만圓滿〉은?

어디요 무엇인가?

왜 해월은 경기도 이천利川의 설성면 수산리 〈앵산〉에 와 〈향아설위向我設位〉 발표와 이수인李水仁을 수왕水王으로 하는 〈참개벽〉으로 하는 9인人의 "수왕회水王會"로 화엄개벽을 선포하였던가?

우선 〈앵산〉부터 살펴보자.

〈수왕사水王史〉에서 더듬어가자!

〈수왕사水王史〉에서 해월은 수왕회를 결성하기 전 오전에 〈향아설위向我設位〉를 발표한다. 〈향아설위〉는 화엄경의 핵심인 자행동녀慈

行童女의 〈무승당해탈無勝幢解脫〉의 비법과 똑같다. 그것은 한마디로 우주진리의 핵(核)은 《내 안에 있다. 나를 모셔라!》이다.

바로 이것이 〈원만圓滿〉의 비결이다.

어떻게?

자!

'향아설위'의 깨달음과 공공연한 발표는 그대로 '앵산'(설성면雪城面) 수산리水山里 비법과 똑같다. 마을의 뒤편 골짜기 입구에 새겨져 있다. 그것을 잘 찾아봐야한다. 그것과 그 동네 앞 논밭 가운데 있는 조그마한 동산 〈앵봉鶯峰〉을 주의 깊게 살펴야 한다 (Olive 출판사 나의 책 『수왕사水王史』를 참고 할 것)

여기서 맨 먼저 주의 할 것은 현대가 〈달, 물, 음(여자), 아기들〉의 시대요, 우주가 그늘중심으로 변한다는 점에 착안한 해월과 빈삼彬杉 스님의 깨달음에 있다.

거기에 해월이 곤지암 입구 〈주놋거리〉 주막에서 잠시 만난 〈요섭〉, 천주교 곤지암의 옹기장수(젊은 간부)와의 만남이 매우 중요하다.

(나의 『수왕사水王史』에 상설하고 있다) 다시 인용하지는 않겠다.

오히려 그 현대적 의미를 더욱 상세히 파들어 갈 필요가 있다. 특히 원주의 백운산白雲山 (황사영의 고장)과 귀래貴來의 미륵산(용화사가 있는 화엄 불교의 고장, 신라 경순왕 마의 태자—공주의!) 그리고 거기서 조금 가면 만나는 여주 강변 이화교 인근의 동학 해월 선생 묘지의 〈삼합三合〉은 오늘 무엇일까?

거기에 치악산의 무속(예맥 〈천부경天符經〉과의 관계)까지 들어온다면 오늘 그것은 무엇을 가르쳐줄까?

오늘(병신년 10월 3일, 개천절), 어제의 깨달음을 다시, 도리어 더욱 강조하여 명심한다. 다른 깨달음과 함께 무속巫俗을 다시 새롭게 공부해야 한다. 그러나 옛 미신迷信은 도리어 더 깨끗이 버려야 한다.

새 과학을 공부하고 옛 모심을 더 존중하자!

그러나 그 근본에서 풍류風流라는 숨겨진 힘, 〈시김새〉를 찾아내야 한다. 이것은 이진법二進法이지 삼진법三進法이 아니다. 명심해야 한다. 또한 명심해야 한다.

〈풍류風流〉는 VR, AI, 신과학, 새우주론 따위가 아니고 그 모두를 이제 제 4차, 제 5차, 제 7차, 8차 전차산업혁명全次産業革命을 가져올 예술, 한류, 미학, 〈여량餘糧〉, 〈애월涯月〉인 바로 그《풍류》인 것이다. 그것을 우선 찾아라!

시김새에 입각한 조선의 전통적 민예와 한류 전체를 풍류의 이러저러한 표현으로 보고 풍속적인 일체와 함께 기타 앞으로 거론하는 여분과 함께 마치 VR, AI, 알파고, 이세돌 9단을 찾듯이 샅샅이 연구해야 한다. 거기에 조국, 세계와 우주의 미래가 있다. 헛꿈꾸지 말라!

〈가상〉 어쩌고나 〈핵폭탄〉 어쩌고나 모두 다 싸이코패스에 지나지 않는다! 근원은 다른 곳에 있다.

먼저 한마디만 줄여 말하자!

〈풍류〉에서 시작된다. 알겠는가! 조선의 풍류!

한류로부터 시작이 되리라! 그러나 그 근원을 찾아가야 한다. 〈시김새〉다.

〈시김새〉가 무엇인가?

'통일統一'은 이 "시김새의 발견"으로부터 그 참된 차원이 열릴 것이다. 이러저러한 '삭힘'이 아니다. 그럼 무엇일까?

내가 무엇 때문에 통일統一을 이리도 강조하는가? 단순히 안보安保 때문인가? 아니다! 물론 안보 때문이지만 그것만이 아닌 것이다. 무엇이냐?

그렇다. '선안보후통일先安保後通一'이 그저 편안한 것을 먼저 생각하는 유력한 사람들만의 생각은 아니다. 그러면 무엇인가?

현대라는 새로운 세상과 큰 우주와 이 나라의 '주체主體'의 문제다. 그것이 누구인가? 우선 〈여성, 아이들, 노약자와 못난 백성들—"기위리位"들〉이다. 그들에게 제일 먼저 필요한 것은 〈안보安保에 의한 평화平和〉다.

나는 젊어서 그것을 알지 못했다. 왜? 〈삶〉을 몰랐기 때문이다. 〈삶〉이 무엇인가?

또 그것과 통일은 어떤 관계인가? 우선 명심해야 될 사안부터 말하고 긴 이야기로 넘어가자.

수운 선생, 해월 선생, 박경리 선생이 강조한 〈원만圓滿의 땅 중조선中朝鮮〉에서 〈통일의 안보 측면의 강조점〉이 나타나기 시작하는 점이다.

왜?

'원만이 땅'이 중조선中朝鮮임에 틀림이 없고 경기도, 강원도, 충청북도와 경상북도의 여러 곳이 여기에 포함되는데 여기 〈용인龍仁〉이 매우 중요하다. 어째서 그러한가?

우선 세 가지

① 김대건金大建 등 천주교天主敎 포교과정과 그것의 항일운동抗日運動 관련 등

② 이천군利川郡 설성면雪城面 수산리水山里에 있는 해월海月 최시형 선생의 〈앵산〉의 사상사적 중요성(동학, 불교佛敎, 천주교 등과의 "여성개벽실체화")

③ 〈두물머리〉(양수리)

두물머리는 〈북한강과 남한강의 합일〉을 말한다. 왜? 이제부터 따져나가자. (그리고 천주교의 역사개입— 해월의 말씀 '서학西學이 먼저 개벽에 불을 지른 다음 동학이 그 뒤를 따를 것이다' 그래서 자기의 모를 이 곳, 중조선이 "원만"한 땅에 묻으라 했다. 이것도 풀어가자.)

그러나 통일에 있어서 이 모든 것보다 먼저 핵심적인 것 〈핵폭탄의 제거〉다. 어떻게?

여러 가지 방식이 제시된다. 차차 이것도 밝히겠다. 그러나 여기서 가장 위태롭고도 무서운 한 길이 있으니 그 이름과 간결한 내용은 다음이다.

— 《황철령·기基》(남중국고전南中國古典 남치강제에서)

내용요약

《참새와 두루미의 입, 발톱 중의 가장 날카로운 부분, 멧돼지와의 가장 둔한 '속치리'(일종의 내장한 부분—버릴 부분에 속함)를 세 가

지 버섯(쑥버섯, 감버섯, 송이버섯)의 '노가리'에 섞어 맑은 샘물에 풀어 만든다》

이는 원자, 수소 등 폭탄의 〈뇌관〉을 단번에 소멸시키는 것이다. 몇 번의 시도가 있었으나 그 결과를 두고 〈위危〉라고 하여 지적되었다. 그 뒤 기록마저 자취를 감춘다.

나는 이제 인류에게 참으로 근원에서부터 찾아왔던 〈참 지혜〉(마치 '알파고'에 로봇에, 인공ㅅㄱ 지능에 미치듯이)의 일종으로 《황철령·기荒徹坽·基》를 〈개발〉해야 할 것이다.

총, 폭탄 따위가 인류와 지구의 생명을 건드릴 수 없는 새 세계를 창조해야 한다. 그 핵심이 무엇이냐?

군대와 투쟁력의 지휘능력이 〈여성정치력〉이어야 하는 것이 첫째다. 왜?

〈달, 물, 그늘〉 등으로 우주로부터 세계의 시대가 한반도 이 나라의 삶의 중심 뼈대가 변하고 있다. 어떻게?

제일 그 변화에 민감한 것이 경제 쪽이다. 〈제4차 산업혁명의 도래〉를 나팔 불기 시작했다. VR, AI를 앞세우고, 이제 그것을 천천히 진열해 보자.

우선 앞서는 것이 바로 그 AI 즉 산업혁명의 새로운 핵심인 인공지능이 다름 아닌 〈풍류〉라는 것이다.

왜?

한마디로 〈서종근처徐綜近處의 우주핵〉이다. 이렇게밖엔 표현할 수가 없는 기이한 미학적 운명이다. 그것이 선뜻 다가오는 것이 곧 영월의 〈수정산〉과 평창의 〈뇌운雷雲계곡〉의 산세山勢에서다.

그런데 뭐?

북한 친구들의 〈선군先軍사상〉 아니 〈핵폭탄〉이니 〈불바다 운운云云〉, 〈525특수부대〉 따위들은 다 무엇인가?

그런데도 《주체主體》야? 풍류도, 화랑도도 동학도 잊어버린 순 산적 같은 것들이 뭐 어째?

오늘(2016년, 병신년, 11월 7일) 신문을 보니 어제(6일) 광화문에서 20만 명(경찰 발표 4만 오천 명)이 데모를 했다. 동시에 북한은 또 미사일을 쏜다고 발표했다. 연결고리가 분명히 있다. 그것을 모를 내가 아니다. 또 다들 안다. 그런데 데모를 하는 대부분의 늙은이들, 여자들, 아기들(이것이 중요하다! 참으로 옥玉같은 현상이다)이 데모 중에 장난을 치고 히히거리고 있다. 이것이 무엇인가? 이것을 검토해 보자.

자!

오늘, 또 신문을 보니 천주교 신부들까지 나서서 '노동자가 정권을 잡도록 이 정부를 뒤집어 엎읍시다.' 하는데 대부분의 사람들이 〈우리는 최순실 사건에 화가 나서 나온 것이지 그런 것 하러 오지 않았다〉라고 항변하는 기사가 났다.

이것이 무엇이냐?

작은 일이냐? 큰일이다.

뉴욕은행 '금융사태' 직후 전 세계에서 반년 동안 벌어진 '금융자본주의 비판데모'의 실상은 무엇이었나? 〈좌파〉가 아니다!

시청 앞 미국 쇠고기 반대 데모는?

월드컵 때 전국의 붉은 악마 데모는? 〈좌파〉냐?

아니다.

〈우파〉도 아니다. 그럼 무엇이냐? 새 일이다.

이것을 검토해 보자.

이것은 동학의 〈개벽관〉, 불교佛敎의 〈화엄세계론華嚴世界論〉 그리고 정역의 〈포오합육包五合六〉 그리고 정역에서부터 새로이 검토해야 할 것이다. 나는 미국 트럼프가 대통령으로 당선되면서 제기된 중국, 러시아, 일본, 필리핀 따위의 '스트롱맨 리더십' 즉 〈macho〉 문제를 근본적으로, 〈개벽적〉 관점에서 최수운 사상으로부터 재검토하기 시작했다.

새로운 초점을 찾지 않으면 안 된다.

새로운 초점!

그것은 오늘 우선 그 제목으로부터 정해진다.

《궁궁ㄹㄹ 유리 화엄 대 개벽》이다.

이것이 무엇인가? 세 가지이다.

첫째 '궁궁ㄹㄹ'은 동학의 음양, 남녀 등 일체 이원적 세계관의 융합이 개벽되는 것, 묘연妙衍.

둘째 '유리'는 동지冬至와 하지夏至가 아닌 춘분春分과 추분秋分 중심으로 사계절이 변화하는 '4천 년 유리세계'(正易의 주장)가 확실해지고 시장이 측천무후 때 창조된 〈유리창〉과 같은 상업적 자유경제(호혜-교환의 혼합시장)가 확대되는 것.

셋째, 이러한 개벽은 바로 단순한 변화變化와 진보나 개량이 아닌,

그야말로 선후천先後天의 융합 대 개벽인 것이다.

두 가지

1. 미국에서 미국 민주주의에는 어울리지 않는 여성들의 반 트럼프 데모가 며칠째 이어지는 것. 앞으로 미국과 강대국에 이와 같은 〈반反 마초선풍〉이 일어날 것이라는 예감이다.

2. 우리나라 데모에서 애기들이 짝짜꿍 놀이를 계속하는 것과 경찰과 사이좋게 화해하는 것. 천주교 신부가 〈노동자 정권을 수립합시다〉라고 선동 연설하는데 어른들이 〈우리는 그런 것에 흥미 없소〉라고 불쾌해하는 것.

그러나 그보다 더 완강한 변화는 이것이다. 아직 실재화하지 않았으나 곧 북한 핵장난의 주범主犯 김정은 일당이 순식간에 사라지는 것. 이로 인해 북한에 참으로 진정한 변화가 시작되는 것.

나는 지금의 바로 이때가 우주기후만 아니라 세계정세까지도 인간 생명계까지도 똑같이 이른바 〈4천 년 간 춘분春分, 추분秋分이 중심이 되는 유리세계(여름은 시원하고 겨울은 따뜻한)의 도래〉 앞에 부딪히고 있다는 생각을 한다.

그것이다. 아니라면 해명할 길이 없다.

나는 이제 와서 19세기 우리나라에 앞섰던 혁명의 길이었던 동학이 다시금 온 세계와 인류 앞에 머리를 든다고 믿는다.

그때 우리는 〈후천後天개벽〉으로만 보았다. 그러나 수운水雲사상은 명백히 〈등명수상燈明水上 무협극無嫌隙〉이라 하여 이른바 김일부 정역正易의 〈선후천先後天융합개벽〉을 먼저 천명했었다.

이제 다시 시작된다. 모든 것이 그 증거들로 가득 찼다. 한 부분만이 아니다. 이 같은 동학 중심의 〈궁궁유리 대개벽〉 안에서 중요한 사상은 역시 〈화엄경〉이다. 그리고 그 화엄경과 함께 이루어지는 〈화엄대개벽〉의 "남북대통일"이다.

자! 먼저 화엄경에서 지금과 같은 우리의 〈분단과 그 분단의 아름다운 통일〉의 기미가 어떤 암시로 주어지고 있는가? 또 그것은 거꾸로 현실의 분단과 통일 논의 과정에서 어떤 징후로 나타나는 화엄의 가능성인가?

먼저 우리의 화엄논의 안에서 그것을 살핀다. 크게 보아서 일곱 가지(7)를 살필 수 있다.

① 먼저 제1로 주어질 것은 〈서다림逝多林〉과 〈풍류역風流易〉 등에서 보인다.

② 화엄경이 어떤 정치를 요구하는지는 〈벽암록碧巖錄〉 중에서 설두선사의 〈유리〉사상 안에 그 조야朝野(조정과 민간)의 〈무문관無門關〉 제안(임금에게 한 정치제안) 안에 확연히 나타난다.

③ 신라 자장율사慈藏律師가 화엄경을 배우러 중국에 갔을 때 오대산에서 첫날밤 꿈에 문수文殊사리의 계시가 있다.

〈여기(중국의 오대산)엔 화엄경이 없다. 당신네 나라(조선) 동북쪽 산 많은 땅의 명계冥界에 문수사리 1만 명이 태어날 때부터 내내 발을 뻗고 누워서 기다리고 있다.〉

이것이 무슨 소리인가?

공자孔子의 명언名言인 〈종만물시만물 막성호간終萬物始萬物 莫盛乎艮〉

이것은 또 무엇인가?

〈백두대간〉 아닌가!

④ 그렇다면 이것은 천부경의 핵심인 〈묘연만왕만래妙衍萬往萬來〉 바로 그것 아니던가! 그렇다면 〈묘연妙衍〉은 무엇인가가 중요하다.

두 가지다.

'묘妙'는 여성과 어린이다. '연衍'은 사람과 사람 사이의 생명중심 가치의 관계다. 즉 〈여성과 아이들 중심의 인간간의 생명중심가치론〉이다.

⑤ 주역周易의 주공周公 이후 해석방법론의 핵심은 〈추연법推衍法〉이다. 정치政治, 보안保安 등을 장년남성長年男性 선비정치꾼 중심으로 여성, 아이들, 노인네와 밑바닥을 다 배제하고 나중에 돈으로 끌어들인다는 대응법이다.

여기에 대응하는 (정역 따위의) 〈묘연법〉은 무엇을 의미하는가?

도리어 우주의 움직임대로 〈포오합육包五合六〉, 즉 〈보름달이 애기 달을 끌어 안는다〉의 이치, 즉 기위친정己位親政으로써 〈여성, 애기들, 노인네들 같은 밑바닥을 그 본래의 임금 자리로 들어 올려 모시는 것〉, 그리고 그 〈모심〉의 근원원리는 《사람 사이의 생명원칙의 근본 중심가치》인 〈연衍〉인 것이다. 바로 그것이 곧 기이하고 미묘한 지혜로움 〈묘妙〉를 보장한다는 것. 이것이 정역의 해석법, 처신술이다.

2900년 전 문왕文王이 내어놓은 주역은 〈일체 오류가 없는 진리眞理〉다. 계시인 것이다. 그런데 왜 그것이 오늘날 〈안 맞는가?〉 답은 두 가지

① 주공 이후 다남조숙인多男朝肅人 등이 수천 년에 걸쳐 유행流行시킨 〈추연법推衍法〉 때문이다.

② 공자와 그 뒤 그의 제자들이 저지른 화괘와 행行 등의 잘못 분류念類 때문이다.

아직도 중국은 주역이 판치고 있다. 그것은 그리고 주공周公의 추연법에 의한 해석이 지배한다. 그래서 돈은 있어도 개판이다. 왜 "여자가 그저 방해"일 뿐인가? 말도 안 된다. 아이들은 왜? 나는 그것의 극복은 〈묘연법〉이라고 잘라 말했다. 그것이 무엇인가? 해월 선생의 명언明言, 〈궁궁弓弓이 중국대륙에 상륙하는 날이 가깝다. 그 때 개벽이 현실이 된다〉

그렇다.

바로 〈묘연만왕만래妙衍萬往萬來〉가 그것이다. 그때 천부경이 새 문명(토인비 예언대로)을 동양과 서양에 가져온다. 나는 여러 책에서 중국의 오늘의 저 〈잘난 체 함〉을 비판해왔다. 그런데 그들은 그것을 고칠 생각 않고 〈사드문제 가지고 한류韓流 유포를 금지하고 있다. 그들이 여성과 아이들, 노약자를 억압하고 아직도 다남조숙인多男朝肅人인(주공周公의 주역 주인공들)의 〈추연법〉을 원리로 하고 있는 한, 그들의 경제혁명에서 〈conjonture〉의 도래는 어림없다.(스티클리츠, 기·소르망 예언)문제는 〈묘연법妙衍法〉과 정역 문제이고 결국 동학식으로 말하면 〈궁궁〉의 문제다.

〈궁궁〉이 〈묘연〉인가?

그렇다. 바로 그래서 《천부경天符經》인 것이다. 이 문제를 마치 '페르낭 브로델'이 〈지중해地中海의 기억〉에서 산업혁명 이후의 유럽경

제정신 conjonture를 찾아내었듯이 주강현 등의 〈환동해 문명사〉와 함께 날카롭게 '서문명창조의 길'을 찾도록 하자! 그렇다면 이제 진보와 보수, 좌익과 우익의 통일, 융합을 생각할 때가 된 것이다. 이때 철저히 경계해야 할 것은 바로 그 융합이 《어물쩡》이 아니고, 그리고 마르크스의 저 《변증법 타령》이 천만 아니라는 것이다.

엄정히 그것은 〈궁궁태극弓弓太極〉이다. 그것은 〈숨은 차원과 열린 차원성〉이 생동하는 이진법이다. 이제 인류는, 동양은, 우리나라는, 특히 '우리'라고 부르는 지금의 남한南韓사람들은 바로 이 〈이진법二進法〉의 영원한 진리성을 드러내 〈궁궁태극〉의 비밀을 밝혀야한다. 나는 이제 이 글의 (오역화엄경五易華嚴經)의 끝을 밝히려 한다. 핵심은 〈장마당〉이다. 그리고 그 장마당의 〈둔전屯田구조〉다.

또 있다.

〈여성성女性性〉이다.

이것들이 다아 〈미륵〉에 연결돼있고 또한 박경리의 〈토지土地사상〉에 연결돼 있다.

이것이 어떻게 정치와 경제 등에 확산될 것이냐? 여기에 대한 첫째 대답은 분명 문장의 이진법과 사상의 미륵 화엄경과 그에 연결된 둔전토지제도屯田土地制道 및 산지山地 등이다. 그리고 그것을 꿰뚫는 생명生命, 또한 카알 폴라니의 신시神市 연구결과인 〈신시神市, 획기적 재분배〉 즉 "통일의 현실적 근거로서의 토지 연구의 시작"이다.

> 이 도서의 국립중앙도서관 출판시도서목록(CIP)은 e-CIP 홈페이지
> (http://www.nl.go.kr/ecip)에서 이용하실 수 있습니다.
> (CIP 제어번호 : CIP2018022384)

우주생명학

2018년 7월 17일 1판 1쇄 인쇄
2018년 7월 25일 1판 1쇄 발행

지은이 | 김지하
펴낸이 | 孫貞順
펴낸곳 | 도서출판 작가
       03761 서울시 서대문구 북아현로89 버금랑빌딩 2층
       전화 | 02)365-8111~2　팩스 | 02)365-8110
       이메일 | morebook@morebook.co.kr
       홈페이지 | www.morebook.co.kr
       등록번호 | 제13-630호(2000. 2. 9.)

편집 | 손희, 최서영, 설재원
디자인 | 전경아, 박근영
영업 | 손원대
관리 | 이용승

ISBN 978-89-94815-82-4 03810

잘못된 책은 구입하신 서점에서 바꾸어 드립니다.

값 17,000원